汉字有秘密

吴京鸣 编著

壹

 化学工业出版社

·北京·

内容简介

本书为《汉字有秘密》分册之一，涉及51个汉字，并将所选汉字分为9组，通过对这些汉字的字形演变以及字义解释进行说明，展示同组汉字之间的联系与区别，使孩子了解汉字的起源和演变，达到认识汉字、理解汉字含义的目的。每个汉字后面分别设"汉字小秘密""汉字故事馆""汉字知识馆"板块，加深孩子对汉字的认识，让孩子轻轻松松学汉字。本书适合5～8岁孩子及其家长阅读。

图书在版编目（CIP）数据

汉字有秘密. 壹/吴京鸣编著. —北京：化学工业出版社，2022.2
　　ISBN 978-7-122-40353-7

　　Ⅰ.①汉… Ⅱ.①吴… Ⅲ.①汉字–儿童读物 Ⅳ.①H12-49

中国版本图书馆CIP数据核字（2021）第239888号

责任编辑：曾照华　　　　　　　文字编辑：李　曦
责任校对：李雨晴　　　　　　　装帧设计：梧桐影

出版发行：化学工业出版社
　　　　　（北京市东城区青年湖南街13号　邮政编码100011）
印　　装：北京宝隆世纪印刷有限公司
889mm×1194mm　1/20　印张8½　字数104千字
2024年4月北京第1版第1次印刷

购书咨询：010-64518888　　　售后服务：010-64518899
网　　址：http://www.cip.com.cn

凡购买本书，如有缺损质量问题，本社销售中心负责调换。

定　　价：69.00元

前言

　　汉字，是最古老的文字之一，也是最优美的文字之一，它的表意性使其成为世界上一种能跨越时空的文字。《汉字有秘密》将带领着孩子在识字之初，去探寻这些古老汉字的秘密。

　　本套书共四册，每册都以分组的形式，展现了相关联汉字的字音、字形、字义，同时辅以相关传统文化故事、知识，帮助孩子巩固记忆。

　　具体特点如下。

一 追寻字源，解读汉字的秘密。

　　从最早能够识别的甲骨文，到后来的金文、篆文、隶书，再到如今人人熟知的楷书，汉字几经变化，字体万千，于是本套书严格参考《甲骨文字典》《汉字字源》等专业书籍，整理出更准确字源，以图文的形式生动解读汉字的"秘密"。

二 "字源＋故事＋知识"，多角度加深记忆。

　　每个汉字后面分别设"汉字小秘密""汉字故事馆""汉字知识馆"板块，以"字源＋故事＋知识"的形式，在趣味中巩固对所选汉字的认识，因为所选的故事与知识都与传统文化相关，所以还能起到一定的知识拓展作用。

三 同类分组，对比学习。

　　本套书按照所选汉字类别进行分组，充分展示同组汉字之间的联系与区别，辅助孩子加深对所选汉字的认识，对比着进行学习。另外，本书涉及的多音字的注音原则如下：字头只标出本书所讲字义对应的读音。

　　在这本书中，孩子可以探寻汉字的秘密，可以欣赏精美的手绘图画，可以了解不同时代的文化知识……希望这套书可以让孩子在认识汉字、了解汉字的路上有所收获。

　　最后，要感谢为这套书的面世而付出辛劳的编写老师，正是因为他们共同的付出和努力，才让这套书更加完善。由于能力有限，书中难免存在不足之处，还望广大读者提出宝贵意见。

编者

2021年8月

目录

第一组

日　阳　时
早　晚　影

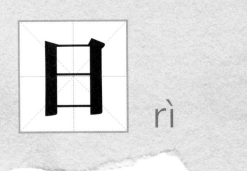

日
rì

汉字小秘密

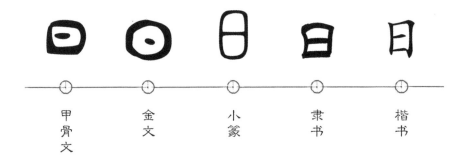

| 甲骨文 | 金文 | 小篆 | 隶书 | 楷书 |

很久以前，人们想造一个字来表示太阳，于是就刻出了一个圈（方形）来表示太阳的轮廓，然后又在这个圈中间加了一横，表示太阳会发出光芒。金文的"日"字的外形轮廓变成了圆形，看起来更像圆圆的太阳啦！那为什么甲骨文时它是方形的呢？这是由于甲骨文是刻在坚硬的龟甲和兽骨上，很难刻出圆形的弧线，聪明的古人便用直线代替了弧线。小篆的"日"字的外形轮廓又从金文的圆形变回了方形，人们把中间表示光芒的小短横与方框相连，这就是我们现在所见的"日"字。

汉字故事馆

| 夸父追日 |

有一年天气非常炎热，火辣辣的太阳炙烤着大地，烤死了庄稼，晒焦了树木。这样的景象让夸父十分难过，他仰头望着太阳，心想：太阳真是可恶，我要追上它，捉住它，让它听人的指挥。

第二天，太阳刚刚升起，夸父就迈开大步向太阳追去。太阳在空中飞快地移动，夸父在地上拼命地追。他穿过一座座大山，跨过一条条河流，大地被他的脚步震得"轰轰"作响。经过九天九夜的追逐，夸父终于在太阳落山的地方追上了它。炙热的火球，就在夸父眼前，夸父无比欢欣地张开双臂，想抱住太阳。可是太阳太热了，烤得夸父又渴又累，于是他跑到黄河边，一口气把黄河水全喝干了。可他还是觉得不解渴，又跑到渭河边，把渭河水也喝光了。但仍然不解渴，夸父便向北边的大泽跑去，大泽是纵横千里的湖泊，那里的水足够夸父解渴。由于大泽太远了，夸父在去往大泽的路上渴死了。夸父临死时将自己手中的木杖扔了出去。木杖一落地，就化成了大片郁郁葱葱的桃林。后来，这片繁盛的桃林为往来的人们遮阴，桃树结出的甜美多汁的桃子，也为人们解渴充饥。

夸父虽然追日失败了，但他不放弃的精神、强大的毅力一直被传为佳话，并激励人们不断进取。

汉字知识馆

　　"日"表示太阳；"曰"是说话的意思。别看这两个字现在长得很像，以前它们可一点都不像。"日"的甲骨文是"⊙"，它外围的圈表示太阳，中间的一横表示它会发出光芒；而"曰"的甲骨文是"⊟"，它的下半部分表示"口"，也就是人的嘴巴，上面的一横是一个指事符号，表示从嘴里说出来的话。

阳
yáng

汉字小秘密

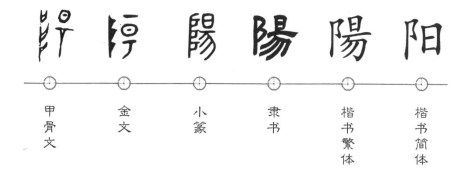

甲骨文	金文	小篆	隶书	楷书繁体	楷书简体

　　甲骨文的"阳"字，左边是"⻖"，像极了山坡层层叠叠的样子。那么，太阳和山有什么关系呢？其实最早的"阳"不是指太阳，因为太阳已经用"日"来表示了。"阳"最早的意思是阳面，就是山能被太阳照射到的那一面——南面。后来，也引申指水的北面——其岸向阳。在汉字简化的过程中，"陽"字右边的"昜"被简化成了"日"。但应当注意，在其他如"楊""場""湯"等字中，右边的"昜"不能简化为"日"，而应当简化为"昜"。

| 阳春白雪 |

战国时期，有一个国家叫楚。这个国家有位文人叫宋玉，楚王总是听到有人说宋玉的坏话。于是，楚王就把宋玉找来，问他："先生的行为是不是有不恰当的地方，不然怎么有那么多人对你不满意呢？"

宋玉对楚王说："在回答您这个问题之前，我先讲一个故事吧。在都城郢，曾经有一个歌唱家在唱歌。他刚开始唱的是最流行的民间歌曲《下里》《巴人》，有好几千人跟着唱。后来他又唱起比较高深的《阳阿》《薤露》，跟着唱的就只有几百人了。当他唱起高雅的歌曲《阳春》《白雪》时，跟着唱的就仅剩几十人了。最后当他唱起五音六律特别和谐的更高级的歌曲时，能跟着一起唱的人就只剩下几个人了。"

讲完这个故事后，宋玉对楚王说："可见歌曲越是高深，能跟着唱的人就越少啊！文人之间也是一样。那些杰出的人物志向远大，行为高尚，怎能被一般人理解呢？我的情况正是如此啊！"

楚王听了宋玉这段话，就没有再追问。

汉字知识馆

　　"阴"与"阳"相对，且阴字的右半部分是月，这难道是指山能被月亮照射到的那一面吗？其实"阴"写作"陰"，是暗的意思。古人把"水之南，山之北"叫作"陰"，"山之南，水之北"叫作"阳"。既然阴阳相对，那字形也该相对才是，因此，"陰"就简化成了"阴"。

时

shí

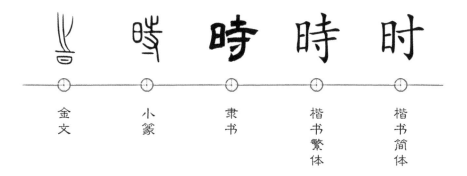

金文　　小篆　　隶书　　楷书繁体　　楷书简体

　　古代人们是通过观察太阳来判定时间的。所以金文的"时"字下面就是"▱（日）"，上面的"屮"是"止"，是一个声旁，用来表示读音。小篆的"时"字从上下结构变成了左右结构，声旁从"止"变成了"寺"。现在的简体字"时"，是由"日"加"寸"组成。我们可以记成"一寸光阴一寸金"。时间很宝贵，大家一定要珍惜。

汉字故事馆

| 亡羊补牢，为时不晚 |

从前，有个人养了一群羊。一天早上，他准备去放羊，却发现少了一只羊。原来羊圈破了个窟窿，夜里狼从窟窿钻进羊圈，把羊叼走了。邻居劝告他说："赶快把羊圈修一修，堵上那个窟窿吧！"他却说："羊已经丢了，还修羊圈干什么呢？"随后便赶着羊群出门了。

第二天早上，他到羊圈里一看，发现羊又少了一只。原来狼又从窟窿钻了进来，把羊叼走了。他很后悔没有听取邻居的劝告。为了避免再次丢羊，他赶快堵上了那个窟窿，把羊圈修补得结结实实。从此，他的羊再也没有被狼叼走过。

这个故事告诉我们：羊丢了，把羊圈修补好，羊就不会再丢。人一旦犯了错误，立即改正，就不会再犯类似错误。遭受了损失，如果及时采取补救措施，则可以避免继续受损失。

汉字知识馆

在我国古代，古人将一昼夜分为十二段，每一段叫一个时辰，每个时辰相当于现在的两个小时，并采用地支作为时辰的名称，分别是子（zǐ）、丑（chǒu）、寅（yín）、卯（mǎo）、辰（chén）、巳（sì）、午（wǔ）、未（wèi）、申（shēn）、酉（yǒu）、戌（xū）、亥（hài）。十二时辰是我国古代劳动人民根据一天内太阳出没的自然规律、天色的变化，还有自己日常的生产活动、生活习惯归纳总结出来的，这可是我们中国独创的计时单位。

早

zǎo

汉字小秘密

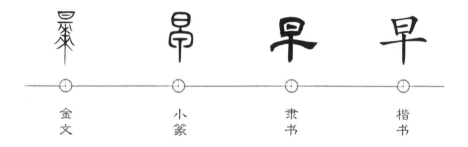

金文　　小篆　　隶书　　楷书

　　金文的"早"上面是"▱（日）"，表示太阳升起来了，下面的"▧"是"棗（zǎo）"，是繁体的"枣"字，用来表示读音。小篆时期，"早"的字形演变成了"上日下甲"，"▧"是"甲"的小篆写法。这时，"早"从形声字变成了会意字，"甲"在天干中排第一位，那么一天中第一次出现的太阳自然是最"早"的。我们现在使用的"早"字沿袭了隶书时期的写法。

汉字故事馆

| 课桌上的"早"字 |

鲁迅是我国著名的文学家、思想家、革命家。他的成就与他年少时的努力有很大关系。

在鲁迅少年时，他的父亲不幸身患重病，需要在家中休养，照顾家庭的重任就落在了鲁迅母亲的身上。那时，鲁迅既要上学，又要帮母亲料理家事，也很辛苦。他的母亲经常派他到当铺卖掉家里值钱的东西，再用换来的钱去药店给父亲买药。年幼的鲁迅也因此常常奔走于学堂和当铺、药店之间。有一次，鲁迅早上去了当铺和药店，为父亲买了药便急急忙忙赶回家中，放下药后又连忙跑去学堂，可还是迟到了。他的老师寿镜吾老先生见他迟到了，十分严厉地对他说："以后要早到！"

鲁迅听了，没有为自己进行任何辩解，只是默默回到自己的座位上，在那张旧书桌上刻了个"早"字，同时也把一个坚定的信念深深地刻在心里。从那以后，鲁迅上学再没有迟到过，而且时时早，事事早，毫不松懈地奋斗了一生。

汉字知识馆

你可能听说过古代大臣要上早朝，但是你知道早朝到底有多早吗？

据《大明会典》记载：早朝时，大臣必须午夜就起床准备，凌晨3点就要到达午门外等候，凌晨5点左右午门城楼上的钟声响起时，宫门开启，百官排好队伍依次进入。

虽然历朝历代早朝的时间和礼数要求有所差异，但作为朝廷最重要的活动之一，历朝历代对于早朝的规定都是极其严格的，想要睡懒觉，那是绝对不允许的。

晚

wǎn

| 小篆 | 隶书 | 楷书 |

"晚"的本义是傍晚，表示与白昼相对的黑夜。从"晚"字中的"日"就可以看出它与太阳有关，太阳落山，夜晚就来临了。右边的"免（miǎn）"是它的声旁。

汉字故事馆

｜大器晚成｜

东汉末年，有个叫崔琰的人，他从小就喜欢舞枪弄棒，剑法也很好。但他不喜欢读书，在学问上一窍不通。一次，他去拜访一位很有学问的人，管家出来告诉他："我家主人正在读书，没有时间和你闲聊。"崔琰知道人家是嫌他没学问。他感到无比羞愧，并暗自下决心：一定要好好读书，将来成为一个能文能武的人。

从此，崔琰虚心拜师求学，学问逐渐增长。后来，他被袁绍招为谋士，后又因出色的才干被曹操重用。

崔琰有个堂弟名叫崔林。这个堂弟年轻时一事无成，亲友们都看不起他，可是崔琰却很器重他，他常对人说："有才能的人需要很长时间才能显露出来，等崔林年纪再大些，他肯定能成大器。"后来，崔林果然做了大官。

这个成语指能担当大事的人要经过长期的锻炼，所以成就较晚。

汉字知识馆

在我们的印象中，古代的夜晚漆黑寂静，人们关门闭户，不再外出。但在宋朝时，夜晚十分热闹。宋朝的集市没有时间限制，因此出现了夜市。到了晚上，百姓们可以出门吃宵夜、摆地摊，去街边的小铺子买几样喜欢的小物件；还可以听说书、看杂剧、看杂耍等。文人们有时会约上三五好友去酒楼，把酒言欢，吟诗作对。相比于其他朝代，宋朝的夜晚是不是有趣得多呢？

晚 字
王玩 手绘

影

yǐng

隶书　　　　　　　　楷书

"影"是一个形声字，"彡"在古代是一个表示修饰的笔画，"景"是它的声旁，发"京"音。影是因为光线被遮挡而产生的暗影，你看过自己的影子就会知道，影子只能看出你的轮廓，而看不见你的五官和衣服的颜色，所以后来"影"也用来指模糊、不真切，比如捕风捉影、含沙射影。

汉字故事馆

| 杯弓蛇影 |

西晋时期有一位名士，名叫乐广。有一天，乐广请朋友到家里喝酒聊天，一位客人在举杯时瞥见杯中好似有一条游动的小蛇，他很害怕，但碍于情面，只得硬着头皮把酒喝了下去，然后便匆匆离开。

过了好几天，乐广都没有见到这位朋友，乐广有些想念他，便去他家看他。谁知朋友已经病了几天，而且病得很厉害。乐广奇怪地问："前几天喝酒时还好好的，怎么一下子就病得这么厉害了呢？"朋友说："那天喝酒时，我发现我的酒杯里有一条蛇在慢慢游动。我当时很害怕，也觉得很恶心，但盛情难却，所以我勉强喝了那杯酒。回家以后，我总觉得肚子里有一条小蛇。就这样，我一病不起了。"

乐广得知他的病情后，思考了许久，突然想起他家墙上挂有一张弯弓，他猜测这位朋友所说的蛇可能是倒映在酒杯中的弓影。于是，他再次把朋友请到家中喝酒，那人刚举起杯子，墙上弯弓的影子又映入杯中，宛如一条游动的小蛇，把他吓了一跳。这时，乐广把弓从墙上取下来，杯中的小蛇果然消失了。这位朋友恍然大悟，他开心地说："原来杯中的蛇是墙上的弓的影子！"压在心上的石头一下子就没有了，病也痊愈了。

汉字知识馆

　　皮影戏是中国民间古老的传统艺术，是用灯光照射兽皮或纸板做成的人物剪影来表演故事的戏剧。演出时，艺人在白色的幕布后面，一边操纵皮影，一边用当地流行的曲调唱述故事，同时配以音乐，具有浓厚的乡土气息。

第二组

月　明　朝
夕　星　晨

月

yuè

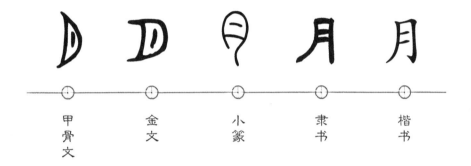

| 甲骨文 | 金文 | 小篆 | 隶书 | 楷书 |

　　"月"的甲骨文是一轮半月，月亮中间那一点表示光亮，古人想通过"点"告诉大家，月亮是会发光的。金文的"月"与甲骨文的"月"写法大致相同。小篆以后，"月"慢慢地演变成了我们现在看到的样子。

汉字故事馆

| 映月读书 |

南齐有个名叫江泌的少年，他非常爱读书。可是他家里很穷，不仅没钱供他读书，还需要他养家糊口。

白天，他去给有钱人家做木鞋底，赚点小钱维持全家生计。晚上回家后，他虽然很累，但仍然坚持读书学习。家里没钱买油点灯，他就想了一个办法，利用天上的月光读书。可月光是会移动的，江泌就搬来梯子，搁在墙脚下，站在梯子上读书；月亮慢慢往下坠，他就一级一级地攀爬梯子追赶月亮的光线，直到爬上屋顶。

有时他白天工作劳累过度，晚上就很疲惫，嘴里虽念着书，人却渐渐地困倦起来，因此他经常从梯子上摔下来。每次江泌摔痛了，自然也就不困了，神志也就清醒了。随后，他拾起地上的书本，重新爬上梯子，继续一字一句地读下去。

由于长期勤学苦读，江泌的学问增长很快，后来他成为南康王子琳侍读。人们根据江泌读书的故事，概括出成语"映月读书"。后来这个成语用来形容家境贫寒，勤学苦读。

汉字知识馆

　　夜晚挂在天空的月亮，一定引发过你的好奇与无数的幻想。从古至今，月亮的阴晴圆缺牵动着无数文人墨客的美好想象和情思，因此，月亮便拥有了数以百计的浪漫别称，比如夜明、玄烛之类的直称，还有金丸、玉轮、琼钩之类的喻称，更有玄兔、桂宫、娥灵、冰蟾这种有关神话传说的美称。

明

míng

汉字小秘密

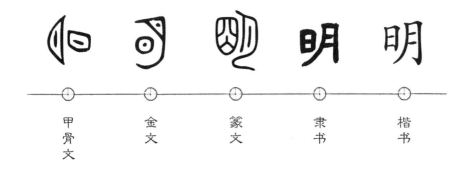

| 甲骨文 | 金文 | 篆文 | 隶书 | 楷书 |

　　"明"是一个会意字。想想看，一边是"◖（太阳）"，一边是"◖（月亮）"，它们可是自然界中大大的发光物（古人认为日月都是发光体，不知道月亮的光是反射太阳的），把它们两个放在一起，一定会特别明亮。所以早在甲骨文时期，古人就把"日"和"月"放在一起，组成"明"这个字了。

汉字故事馆

｜明枪易躲，暗箭难防｜

有一年夏天，郑庄公在宫前检阅郑国军队，发派兵车。老将军颖（yǐng）考叔和一位青年将军公孙子都，为了争夺兵车吵了起来。颖考叔是一员勇将，他拉起兵车转身就跑；公孙子都向来瞧不起人，当然不肯相让，拔起长戟飞奔追去。等他追上大路，颖考叔早已不见人影了。公孙子都因此对颖考叔怀恨在心。

到了秋天，郑庄公下令攻打许国。郑军逼近许国都城，攻城的时候，颖考叔奋勇当先，杀敌无数，爬上了城头。公孙子都眼看颖考叔就要立下大功，心里更加忌恨，便抽出箭来对准颖考叔就是一箭，只见这位勇敢的老将军一个跟斗摔了下来。另一位将军瑕叔盈见颖考叔被杀，举起大旗，指挥士兵继续战斗，终于把城攻破。而一生征战沙场的老将颖考叔，虽躲过了无数敌军刺来的明枪，却被战友用暗箭结束了生命。这就是成语"明枪易躲，暗箭难防"的故事。

汉字知识馆

　　紫禁城内的乾清宫殿堂正中挂着一块巨大的匾额，上面有四个大字——"正大光明"。这块"正大光明"匾在清朝"秘密立储"制度中扮演了重要的角色。清朝康熙皇帝的皇子们为了争夺皇位，各自勾结朝廷中的大臣，拉帮结派，掀起了一系列腥风血雨、明争暗斗。在这场争夺中获胜并登上皇位的雍正帝为了避免再出现这种皇子反目、大臣干预皇位继承的现象，便不再公开册立太子，而是在心里决定好皇位的继承人后，秘密地写两道传位诏书，并密封收藏在两个特制的匣子内。一份放在乾清宫中"正大光明"匾后，另一份则由皇帝自己随身藏起来。在皇帝"归天"之后，臣子会找出两份谕旨，将内容相互对证，确认无误后才会昭告天下。这样一来，不仅避免了皇子间的争斗，也阻止了一些权贵大臣暗中插手干预继位人选，对于缓和皇权斗争，巩固当时的统治起了一定的作用。

明字
王琪制画

朝

zhāo

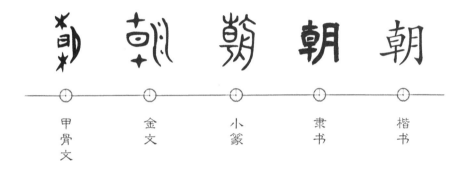

| 甲骨文 | 金文 | 小篆 | 隶书 | 楷书 |

你看"朝"字的甲骨文，它是由一个"日（太阳）"，"✹""✸"表示两株小草，还有一个"）（月亮）"组成的。它表示太阳刚升起来，天上还有残月的时候。所以，"朝"就是早晨的意思。"朝"在金文中常被借用为"潮汐"的"潮"，因此，它的右边就从"月"演变成了水形的"川"。小篆时，水形又变成了"舟"，也就是在这时，"舟"变成了"朝"的声旁。到了隶书，"朝"的右边又变回了最初的"月"，也更接近现在的样子。

汉字故事馆

| 朝三暮四 |

这是记载在《庄子》里面的一个故事。宋国有一个人，他养了一大群猴子，人们都叫他狙公。狙公懂得猴子的心理，猴子也理解他的话，因此，他更加疼爱这些能通人语的猴子，经常缩减家中的口粮，来满足猴子的食欲。

有一年，村子里闹了饥荒，狙公不得不缩减猴子的口粮，但他怕猴子们不高兴，就先和猴子们商量。他说："从明天开始，我每天早上给你们三颗橡子，晚上再给你们四颗，好吗？"猴子们只弄懂了狙公前面说的一个"三"，就一个个龇牙咧嘴地站了起来，表现出非常生气的样子。狙公看了，马上就改口说："这样好了，我每天早上给你们四颗，晚上再给你们三颗，够吃了吧！"猴子们把前面的"四"当成全天多得的橡子，以为口粮增加了，都高兴地趴在地上不再闹了。

后来，人们把这个故事和狙公所说的话加以引申：凡是见到有人反复不定，说过的话很快就不算数；或是做事的时候经常变更，刚决定的事情，不一会儿又改变了，我们就说他是"朝三暮四"。

汉字知识馆

"朝"是一个多音字，它有两个读音：一个是"zhāo"，一个是"cháo"。那么，我们该怎样分辨不同词语中的"朝"的读音呢？

"朝"读"zhāo"时，有两种常用的含义：一种是指早晨，如朝阳、朝霞、朝令夕改等；还有一种是指日、天，如今朝、明朝。

"朝"读"cháo"时，有三种常用的含义：一种是指表示动作的方向（介词），如朝前、朝左、朝阳、朝南；一种是指朝代，如唐朝；第三种是指朝见、朝拜，如朝觐。

xī

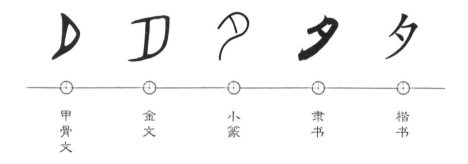

| 甲骨文 | 金文 | 小篆 | 隶书 | 楷书 |

"夕"的甲骨文和"月"外形很相似，这是因为"夕"就是"月"的本字呀。想想看，当夕阳下山，月亮不就快出来了吗？

汉字故事馆

| 除夕的由来 |

从前有一个叫夕的怪兽，它平时躲在山洞里睡大觉，可一到腊月的最后一天就跑出来找吃的。夕的胃口大极了，恨不得把所有的猪、羊、马、牛都一口吞了。人们想制服夕，但想了许多办法都不行。这样一来，牲口都快被夕吃光了。所以，每到腊月的最后一天，人们都十分惧怕夕的来临。

后来，人们想了一个办法：腊月二十三这天，家家都请灶王爷吃好吃的，让他去天上求玉帝派神仙到人间来除夕。玉帝听说夕在人间作孽，就把除夕的事交给了神农最小的儿子年。

腊月三十这天，太阳落山以后，夕又来到人间行凶作恶，正好与从天而降的年相遇，年与夕展开了一场殊死搏斗。年拿出红绫子用力一抖，红绫子便放射出一束束红光，刺得夕的眼睛什么也看不见，年又拿出竹筒对着夕点燃，竹筒中喷出烟火，烧得夕在地上打滚。夕终于被年除掉了。

从此，人们为了庆祝那天晚上除掉夕的胜利，就把这一夜叫作除夕，把正月初一叫作年。后来还演变出了挂红灯笼、放鞭炮、贴对联等春节习俗。

汉字知识馆

每年农历七月初七是我国的传统节日七夕节。现在的七夕节被称为"中国的情人节"。

七夕节是我国传统节日中最具浪漫色彩的一个节日。在这天晚上，妇女们穿针乞巧，礼拜七姐，仪式虔诚而隆重。七夕坐看牵牛织女星，也是民间的习俗。相传，每年七夕的夜晚，是天上织女与牛郎在鹊桥相会的日子。织女是一个美丽聪明、心灵手巧的仙女，凡间的妇女便在这一天晚上向她乞求智慧和巧艺，也会向她求赐美满的姻缘，大概正是因为这种浪漫的愿望，让七夕节成了象征爱情的传统节日吧。2006年5月20日，七夕节被国务院列入第一批国家级非物质文化遗产名录。

星

xīng

汉字小秘密

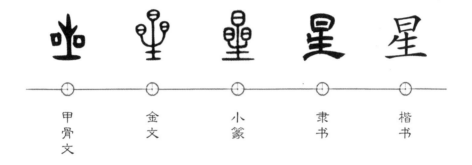

| 甲骨文 | 金文 | 小篆 | 隶书 | 楷书 |

　　"星"是一个形声字。甲骨文中"𤯔"就是"生"字，左右两边的"囗"表示星星。金文中有三个"⊖"，仍然是指亮晶晶的小星星。到了隶书，三个星星被简化成了一个，下面的声旁"生"也变得更加规范。这就是我们现在看到的"星"字了。

| 牛郎星和织女星的故事 |

一天，天上的织女到人间来游玩，凡间的牛郎在一头老牛的指点下结识了织女，两个人情投意合，彼此产生了爱慕之意。于是，织女不顾天庭的规矩，偷偷下凡和牛郎结为夫妻。

牛郎和织女两个人在一起的这段日子，牛郎下田劳作，织女养蚕纺纱，还有了一儿一女，一家四口过着美满幸福的生活。

但是，好景不长，王母娘娘知道织女下凡的事后，就亲自把织女捉回了天上。老牛不忍他们妻离子散，于是撞断头上的角，变成一只小船，让牛郎挑着儿女乘船追赶。眼看牛郎就要追上织女了，王母娘娘连忙拔下头上的金钗，在天空划出了一条波涛滚滚的银河。

牛郎无法过河，只能在河边与织女遥遥相望。他们坚贞的爱情感动了喜鹊，无数喜鹊飞来，用身体搭成一座跨越银河的彩桥，让牛郎织女在桥上相会。王母娘娘无奈，只好允许牛郎和织女每年七月七日在鹊桥上会面一次。牛郎和织女在等待与守候中化成了天上的牛郎星和织女星。

汉字知识馆

　　我国早在战国时期就有五星的说法，最初五星分别叫作太白、岁星、辰星、荧惑、镇星，它们分别是我们熟悉的金星、木星、水星、火星和土星。《史记·天官书》中记载道："天有五星，地有五行。"五行观念产生并普及后，人们把天上的五星和五行元素联系起来，五星才有了金、木、水、火、土的名字。汉代以后的文献中，五星的这两组名称一直是混着用的。

晨

chén

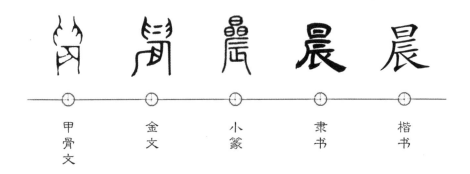

甲骨文	金文	小篆	隶书	楷书

"晨"的甲骨文上边是一双"（手）"，下边的""是古人用来除草的农具。古人在早晨天还没亮的时候就去农田干活，因此用来表达早晨。小篆的"晨"字，双手变成了"（星星）"，更加证明了"晨"是指太阳还没出来的这段时间。

汉字故事馆

| 晨炊蓐食 |

韩信出生在楚国，他从小酷爱兵器、兵法，非常喜爱读兵书。但因为贫穷，韩信一直没有机会做官，无法发挥自己的才能。

韩信从小便尝尽人间疾苦，父亲去世后没多久，母亲也离他而去。此时，没有钱财和土地的他，只能孤身一人艰难地在人世间生活。他从来没有劳作过，更没有一技之长，只能靠乞讨艰难度日。

后来，天性放纵又不拘礼节的韩信引起了南昌亭长的注意。亭长见他生活困苦，便将他带回自己的家中安顿下来，让他不再为一日三餐而发愁，结束了他四处流浪的艰难生活。

可是，安稳的日子却让韩信变得懒惰起来，他每天都无所事事，也没什么志向。几个月之后，他的好吃懒做引起了亭长妻子的不满，于是，每天早上她做好早饭，就在床席上进餐。等到韩信起床时，早饭早就已经被吃光了。

韩信知道亭长妻子的意图，知道自己被人家嫌弃了，这让他又羞又恼，也没有颜面继续赖在亭长家里混饭吃。于是他就离开了亭长家。这就是成语"晨炊蓐食"的故事。

汉字知识馆

　　"一日之计在于晨，一年之计在于春，一生之计在于勤"告诫人们一件事的开始至关重要，做事要早做打算。它的意思是说：一天的学习在于早上的规划，一年的收成在于春天的耕种，一生的成就在于年少时的勤奋与努力。如果早晨不起床，就浪费了宝贵的时间，耽误了一天的计划；如果春天不耕种，秋天就不可能丰收；如果年少时不勤劳，老去时就没有生活的保障。小朋友们要牢记这句话，不要"少壮不努力，老大徒伤悲"哟！

水　泉　汽　温
浮　洒　湿

水

shuǐ

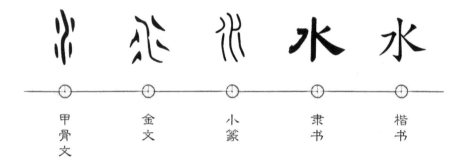

| 甲骨文 | 金文 | 小篆 | 隶书 | 楷书 |

"水"是一个非常形象的象形字，甲骨文中间的那条曲线，像不像一条小河流？两边断开的线条像不像小河在流动时溅起来的水滴？"水"还是我们的汉字中常见的部首字，人们常用"氵"来表示与水有关的东西，比如江和海，还有我们身体排出的泪和汗。

汉字故事馆

｜水滴石穿｜

从前，有个叫崇阳县的地方社会风气很差，盗窃成风，崇阳县令一直想好好整治这种不良风气。这天，县令在衙门周围巡视，看到一个管理县衙钱库的小吏慌慌张张地从钱库中走出来，他急忙把库吏喊住："你这么慌张干什么？"

"没什么。"那库吏回答说。县令见他回答含糊，又想到钱库经常失窃，猜测可能是库吏监守自盗，便让随从对库吏进行搜查，结果真在库吏的头巾里搜到一枚铜钱。县令把库吏押回大堂审讯，库吏不承认另外偷过钱，县令便下令拷打。库吏不服气地说："偷一枚铜钱有什么了不起，你竟这样拷打我？你也只能打我罢了，难道你还能杀我？"

县令看到库吏如此狂妄，十分愤怒，立即宣判说："一日一钱，千日千钱，绳锯木断，水滴石穿。"意思是一天偷一枚铜钱，一千天就能偷一千枚铜钱；用绳子不停地锯木头，木头也会被锯断；水滴不停地滴，能把石头滴穿。接着，县令吩咐衙役把库吏押到刑场斩首示众。从此以后，崇阳县的偷盗之风被刹住，社会风气也大大好转。

汉字知识馆

　　我国的四川省有一座著名的水利工程——都江堰。都江堰已有两千多年的历史，是我国历史上著名的水利工程。都江堰最初是由一位叫李冰的郡守组织两岸人民修建的。在修建都江堰之前，岷江时常泛滥成灾，那一带的百姓饱受洪水的侵袭。都江堰把岷江一分为二，分为"内江"和"外江"，"内江"导水灌田，"外江"泄洪排沙，从此，成都平原沃野千里，成为我国著名的天府之地。都江堰不仅能防洪、灌溉，还能航运，是我国水利建设史上的伟大成就，也是世界水利史上利用自然而不破坏自然的典范。

水
字

泉

quán

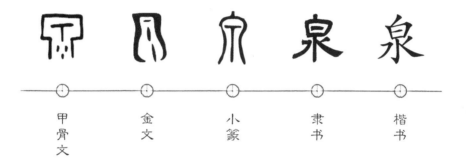

| 甲骨文 | 金文 | 小篆 | 隶书 | 楷书 |

泉本义是地下涌出的水，即水源，又引申为地下水。甲骨文的"泉"字，就像是山石间的一个泉眼涌出泉水的样子，金文和篆文基本上都沿用了甲骨文的字形。到了隶书，泉眼的形象才慢慢地演变成了"白"，下面再加一个"水"字，就成了现在的"泉"字。

汉字故事馆

| 掘地见泉 |

春秋时期，郑国有一位国君郑庄公，他出生时难产，他的母亲武姜九死一生才生下了他，所以武姜从一开始就不喜欢郑庄公。后来武姜又生了一个小儿子，叫共叔段。武姜特别偏心小儿子，甚至曾怂恿自己的丈夫郑武公让小儿子做接班人，但郑武公拒绝了她的请求。

郑庄公继位后，武姜就逼迫郑庄公给小儿子一座城池，郑庄公无奈答应了。有了城池的共叔段做了很多越界的事，甚至准备夺权篡位，联合武姜来个里应外合。没想到，郑庄公早就知道他的计划，很快就平复了叛乱。谋反失败后共叔段被逼自尽。郑庄公恨母亲也跟着弟弟造反，就跟她说："不及黄泉，无相见也。"意思是说，不到死后被埋葬在黄泉之下的那一天，我们就不要相见了。

可时间长了，郑庄公难免会想自己的母亲。可是，他发过誓，君王怎能违背誓言呢？有一个叫颍考叔的人听了这件事给郑庄公出了一个主意：只要挖一条地道，挖出泉水后，在地道中与母亲相见，谁还会说您违背了誓言呢？

郑庄公听了他的建议，与母亲在地道相见。后来郑庄公亲自接母亲回到都城，武姜也抛下之前对儿子的偏见，母子和好如初。

汉字知识馆

　　济南的泉有几百处，名泉就有72处，其中最著名的是趵突泉，它被誉为"天下第一泉"，也是最早见于古代文献的济南名泉。趵突泉最早并没有正式的名字，因为是古泺水的源头，所以历史上经常以"泺"代指趵突泉。

　　在趵突泉成为"天下第一泉"之前，这个美名还在北京玉泉的头上，后来乾隆下江南时路过济南，品尝了趵突泉水，大加赞赏，认为此泉的水质远胜于北京的玉泉，就把原本封予玉泉的"天下第一泉"的美名改封给了趵突泉。

汽

qi

小篆　　　　隶书　　　　楷书

　　"汽"是一个形声字。河流因为天气太热而蒸发出一缕一缕的水蒸气，人们为了强调"汽"是由水变成的，就用"氵"作为它的偏旁，右边的"气"则表示发音。蒸汽看起来轻飘飘的，但是却非常有力量，要知道蒸汽机的运用可是推动了我们人类的发展进程！

汉字故事馆

| 蒸汽火车 |

清朝晚期，由于长时间的封闭，中国已经远远落后于西方国家。当时不少有识之士想要通过学习西方先进科学技术，兴办铁路、通信等事业，辅助军工业发展，拯救落后的国家。蒸汽火车就是以李鸿章为首的洋务派的选择之一。

洋务派在和其他国家交往的过程中，逐渐感受到铁路在国防、民生中的重要性，于是一心想要修建铁路。他们纷纷上书表明修建铁路、通行火车的优点。

但想法是美好的，现实却是残酷的，他们的建议遭到了保守派的坚决抵制。落后且顽固的保守派特别排斥蒸汽火车，他们认为修建铁路、通行火车的弊端很大，修建铁路完全是吃力不讨好的事情。

李鸿章等人知道修建铁路的决断权还是掌握在慈禧手中，于是为了让慈禧接受蒸汽火车，洋务派专门为她修了一条皇家铁路，并打造了非常豪华的车厢，希望她能亲身感受到蒸汽火车的便利，支持修建铁路。

慈禧太后乘坐过蒸汽火车之后，果然感受到它的好处，经常乘坐它出行。于是朝中的大臣也不再为"是否"修建铁路而争论，转而为"如何"修建铁路吵闹了。

汉字知识馆

　　小朋友们能区分"气"和"汽"吗？让我们先来看看"气"和"汽"有什么不同吧。

　　"气"是没有一定形状，没有一定体积，可以流动的物体。在常温下，空气、氧气等都是气体。

　　"汽"是液体或某些固体受热变成的气体，例如水变成的水蒸气。

温

wēn

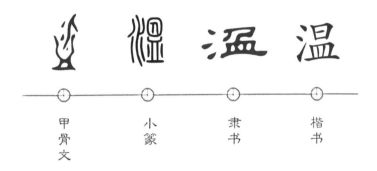

| 甲骨文 | 小篆 | 隶书 | 楷书 |

"温"字的甲骨文下边是一个容器，容器里面站着一个人，周围还有一些小点。这些小点其实是水汽，为什么会有水汽呢？想想看，当我们洗澡的时候，温热的水是不是会让浴室充满水汽？所以，古人用"温"字来表达像加热过的水那样温暖的感受。

汉字故事馆

| 黄香温席 |

黄香小时候，家中生活很困苦。九岁时，他的母亲就去世了，这让黄香非常悲伤。他本就非常孝敬父母，在母亲生病期间，小黄香一直不离左右，守在母亲的病床前。母亲去世后，他对父亲更加关心、照顾，尽自己所能缓解父亲的辛苦劳累之感。

冬夜里，天气特别寒冷。那时，农户家里没有任何取暖的设备，一到夜晚就冷得让人难以入睡。一天，黄香晚上读书时，感到特别冷，捧着书卷的手不一会儿就冰凉冰凉的了。他想，这么冷的天气，父亲一定也很冷，他白天干了一天的活，晚上应该睡个好觉。

为了让父亲少挨冷受冻，小黄香悄悄走进父亲的房间，给他铺好被，然后脱了衣服，钻进父亲的被窝里，用自己的体温温暖冰冷的被窝之后，才招呼父亲睡下。黄香的孝敬之心，不仅暖了父亲的身体，也暖了他的心。后来，黄香给父亲温席的故事渐渐传开了，街坊邻居都夸奖黄香，黄香也成了有名的孝子。

汉字知识馆

　　"温故而知新，可以为师矣"出自《论语》，意思是在温习旧的知识的过程中，如果能得到新的理解与体会，就可以凭借这一点成为老师了。孔子的这句话，是想告诉人们，新知识、新学问往往都是在过去所学知识的基础上发展而来的道理。小朋友们也一定要养成复习知识的好习惯哟！

温字

王廷制畫

浮

fú

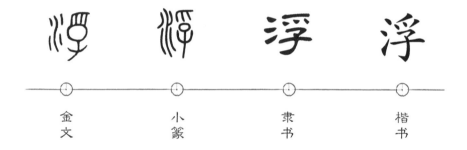

| 金文 | 小篆 | 隶书 | 楷书 |

"浮"是一个形声字，"氵"是偏旁，"孚"是它的声旁，表示发音。"浮"最早是以金文的形象出现的。你看这个字：一个孩子掉进了水里，在一只手的帮助下，漂浮在水面上，不被水淹没。这就是古人在创造"浮"这个字时想要表达的场景。

汉字故事馆

| 舟浮牛出的故事 |

公元1066年，发生了一场大洪水，汹涌的洪水冲断了河中府（今山西省永济市）城外的一座浮桥，八只用来固定浮桥的大铁牛也被冲走，陷入了河底的淤泥里。

洪水退了以后，铁牛还沉在河底，想要修复这座桥，就得把铁牛捞出来。可铁牛在淤泥中陷得太深了，人们想尽各种办法都没能将它们从河里打捞出来。官府只得贴出"招贤榜"，招请能把铁牛捞出来的"贤人"。榜前围了许多人，大家议论纷纷。忽然，人群中走出一个人，伸手把"招贤榜"揭了。大家一看，揭榜人是个和尚。有人好奇地问和尚，是不是要施"法术"请"神仙"来助他一臂之力。那和尚不慌不忙地微笑着说："铁牛是让水冲走的，我就叫水把铁牛送回来。"

和尚叫人找来两艘大木船，将两条大船装满土，把铁牛系到船上，用大木头做成秤钩的形状钩住铁牛。

一切准备就绪，和尚招呼众人把船上的土一锹一锹地扔到河里。船开始缓慢地往上浮，绳索也拉着铁牛慢慢地从河底的淤泥中升起来。

那和尚就是我国古代的工程家怀丙。他"请"的"神仙"就是水的浮力。

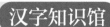

汉字知识馆

送友人

[唐] 李白

青山横北郭，白水绕东城。

此地一为别，孤蓬万里征。

浮云游子意，落日故人情。

挥手自兹去，萧萧班马鸣。

古诗释义：青翠的山峦横卧在城墙之北，清澈的流水环绕在城的东边。我们在此地道别，你就像孤蓬那样，会乘风远行到万里之外。浮云像游子一样远去，夕阳像故人一样恋恋不舍。挥挥手从此分离，友人的马萧萧长鸣，似乎诉说着不舍与留恋。

这是一首情意深长的送别诗，用"浮云"比喻友人，以一个"浮"字点明了友人来去如云，不知道要漂泊到何处，体现了作者对友人的关怀之情。

洒
sǎ

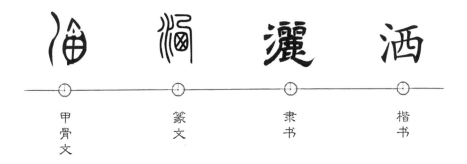

甲骨文	篆文	隶书	楷书

　　"洒"字的右边为什么会是"西"呢？原来"西"在甲骨文中的本义是"鸟巢"，我们的祖先在远古时期有在树上巢居的经历，居住的巢需要时常用水清洗洒扫，使它干净舒适，所以"洒"就是洒水清扫的意思。

汉字故事馆

| "洒"与"酒"的传说 |

传说有两个人与神仙相遇，神仙传授给他们一种酿酒的方法，即让他们将端午那天饱满起来的米、冰雪初融时高山上的山泉水，调在一起，注入千年紫砂土铸成的陶瓮中，再用初夏第一张看见朝阳的荷叶紧紧盖住，密封七七四十九天，直到鸡叫三遍后才能打开。

为了酿造出品质绝佳的酒，他们历经千辛万苦，找齐了所有的材料，按照神仙的指示制作好并密封在陶瓮中。接下来，就是耐心等待酒酿成的那一刻了。多么漫长的等待啊！第四十九天终于到了，两个人激动地等着鸡鸣的声音。远远地，传来了第一声鸡鸣；过了很久，依稀响起了第二声。第三遍鸡鸣迟迟没有响起，其中一人再也忍不住，打开了他的陶瓮，可里面的一汪浆液却像醋一样酸。大错已经铸成，不可挽回，他失望地把浆液洒在了地上。而另外一人，虽然也早就迫不及待，却还是咬着牙，坚持到第三声鸡鸣响起。他打开陶瓮，里面是甘甜清澈的美酒。

仅这一声鸡鸣的区别，就让两瓮酒有了天壤之别。从此，"酒"便比"洒"多了一横，用来提醒人们，想要酿出好酒，是心急不得的。

汉字知识馆

　　这个"洒"字可真是身世复杂。《说文解字》上说："洒，涤也。从水，西声。"这句话的意思是"洒"的字义是洗涤，它的偏旁是"氵"，"西"是它的声旁。也就是说，这个字最早可不读"sǎ"，而读"xǐ"。它原本是"洗"的本字。古人用字分得很细，洗身体叫作"浴"，洗手叫作"澡"，洗脚叫作"洗"，而这一切的总称便是"洒（xǐ）"。后来，专门用来表示洗脚的"洗"字取代了"洒（xǐ）"的地位，而"洒（xǐ）"则摇身一变，成了"灑（sǎ）"的假借字，读音也由"xǐ"变为"sǎ"。如今"洒"又名正言顺地成了"灑"的简化字，我们的汉字真是博大精深啊！

湿

shī

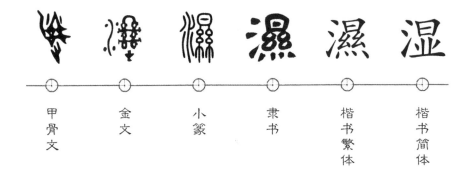

甲骨文	金文	小篆	隶书	楷书繁体	楷书简体

　　东西湿了当然要把它挂起来晾干，古人也明白这个道理，所以"湿"的甲骨文就像在晒架上挂着几股湿漉漉的丝缕，你看那丝缕旁边还有落下的水滴呢！后来，"湿"字的小篆又加上了"日"字，用来强调丝缕湿了需要太阳晒干。虽然现在"丝"被简化成了"业"字，但请大家记住它最初的样子哟。

汉字故事馆

| 相呴（xǔ）以湿，相濡以沫 |

有一年大旱，很长时间都不见雨的影子，世间万物在烈日的炙烤下痛苦不堪，就连江河湖泊都快要干涸了。原本生活在水中的鱼儿渐渐地暴露在强烈的日光之下，在浅浅的水洼中绝望地挣扎，祈祷天降大雨，好让自己从痛苦中解脱，回到水流充足的江河中。当然，这些困在陆地上的鱼没有听天由命，放弃生的希望，而是用尽所有的力气，靠在一起，互相呼气，用唾沫互相湿润，用自己仅存的水分滋润对方，以求共渡难关。

后来，"相呴以湿，相濡以沫"被用来比喻在困境中的相依为命和相互救助，也比喻携手共进的夫妻之间的情感状态。

汉字知识馆

　　民间有很多俗语都不知道出处，也不知是哪个名人说的，就像神话传说一样一代一代流传下来。这些俗语是古人依据长时间的经验领悟出来的，虽然古老，但句句经典且有道理。"常在河边走，哪能不湿鞋"就是民间的一句俗语，意思是：经常在河边走路，哪有鞋子不沾泥带水的呢？但由它引申出来的内涵却很深刻：常做坏事，哪能不被人发现？这种用简单的话语说出内涵深刻的俗语，真是体现了古人的智慧。

雨　露　霜
雪　雷　霞

雨

yǔ

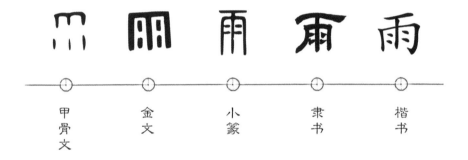

| 甲骨文 | 金文 | 小篆 | 隶书 | 楷书 |

"雨"字的甲骨文，上面的笔画表示天空，下面的小竖点象征水滴，表示雨是从天上降落的水。当天上的云朵里的小水滴体积越聚越大，大到不能再悬浮在天上的时候，它就落下来变成了雨。

汉字故事馆

| 栉风沐雨 |

相传在上古时代，中国有大川三百条，支流三千多条，大大小小的河流到处都是，一旦发大水，江河奔腾，常把附近的田地和房子全部冲毁，百姓也因此生活在水深火热中。后来大禹担起了治水的重任，他带领大家开通水道，疏通洪水，使它归入江河。因为身体常常浸沐在暴雨中，大禹腿上的汗毛都被磨光了，脚趾甲也都脱落了，就连头发也经常被强风吹得乱七八糟。大禹每天顶着烈风急雨辛勤地工作，只希望能早日治理好洪水，让天下百姓安居乐业。

我国的大教育家墨子非常敬重大禹的这种行为，说大禹"沐甚雨，栉疾风"，意思就是大雨洗发，疾风梳头。墨子还要求他的后辈子孙多用羊皮、粗布做衣服，穿木鞋、草鞋，日夜不停地操劳，把自身清苦作为一种美德和责任，并且还说："你们要是不这样做，就不符合大禹的主张，也就不配做我墨家的人。"

后来，"栉风沐雨"就被用来比喻经常在外奔走，非常辛劳。

汉字知识馆

雨水，是二十四节气中的第二个节气，是反映降水现象的节气，也是古代农耕文化对于气象变化观察和总结的产物。雨水节气一般从公历2月

18日至20日开始，到3月4日或5日结束。

雨水节气标示着降雨开始，雨量会渐渐增多。

俗话说："雨水有雨庄稼好，大春小春一片宝。"降水对农作物的生长有至关重要的影响，农民伯伯对这一节气也十分重视。

露

lù

| 小篆 | 隶书 | 楷书 |

"露"是一个形声字，"雨"表示露珠像雨滴；"路"是声旁，表示发音。有时候，早晨太阳升起来后，明明没有下雨，却像下过雨一样，有小水滴附着在树叶和小草上，这就是露水。露水对植物有重要的滋润作用。

汉字故事馆

| 天干无露水的传说 |

从前，有个地方的百姓得罪了玉皇大帝，玉皇大帝便命龙王三年不为他们下雨，以此来惩罚他们。

这里的土地神非常同情百姓，就私自同露水神商量，让露水神每到夜间偷偷地下很多露水，滋润这里的庄稼。因此虽然三年没下雨，这里还是年年丰收，百姓们过得丰衣足食。

三年后，玉皇大帝以为这里的百姓受完了惩罚，就下令龙王给这里降雨。下雨了，等了三年雨的百姓，怎能不高兴呢？于是他们买了供果和鞭炮，烧香磕头地敬玉帝、敬龙王。

土地神一看老百姓只敬奉玉帝和龙王，却没人想起自己，心里很难过，他又把露水神叫来商量："你看这里的老百姓多么忘恩负义！三年前他们得罪了上天，大旱三年，是我们暗地里帮了他们，他们才过得丰衣足食、幸福美满。今天下了雨，他们不感谢我们，反而只敬玉帝和龙王，这真是太让人寒心了。"

露水神说："不如这样，以后天若下雨，我们就跟着下露水；天若干旱，我们就不下露水。这样无论功过都有我们的一份，百姓敬他们，我们也从里头分享，这样不好吗？"土地神觉得这个主意很不错，他们就这样做了。从此以后，越是雨天，露水越多；越是旱天，越是没有露水。

汉字知识馆

　　白露是二十四节气之一。露是由于温度降低，水汽在地面或近地面物体上凝结而成的水珠。白露这个节气到来时，天气逐渐转凉，白昼有阳光尚热，但傍晚后气温便很快下降，昼夜温差大。清晨的露水随之日益加厚，凝结成一层白白的水滴，所以就称为白露。俗语云："白露白迷迷，秋分稻秀齐。"意思是说，白露前后若有露，则晚稻将有好收成。

露字

王珏制畫

霜

shuāng

小篆　　　　　隶书　　　　　楷书

　　"霜"是一个形声字，"雨"的出现表示"霜"也是一个与天气有关的汉字。当天气很冷的时候，空气中水汽凝华在地面或地物表面一层白色的东西，就好像一层薄薄的雪，这层薄薄的、像雪一样的东西就是霜。对农民伯伯来说，霜和雪都有可能会使庄稼遭殃，尤其是当它们一起来的时候，那可真是"雪上加霜"啊。

汉字故事馆

| 霜降柿子救命 |

许多地方都流传着在霜降这一天吃柿子的习俗。而这个习俗，还与明太祖朱元璋有关。

朱元璋小时候家境贫寒，经常吃了上顿没下顿，即使后来出家当了和尚，情况也没好转，仍然要四处化缘来填饱肚子。有一年霜降节，已经两天没吃饭的朱元璋正饿得两眼发黑、四肢无力，马上就走不动时，恰好走到一户人家的园子。这个园子因为战乱已经变得破破烂烂，朱元璋见了非常失望，但还是抱着侥幸心理准备转一圈看看。谁知当他走到园子的东北角，正好看到一棵柿子树，这棵柿子树上结满了柿子，让朱元璋顿时精神一振。他忙爬上柿子树，饱饱地吃了一顿柿子，这才保全了性命。

又是一年霜降，朱元璋晚上做梦竟梦到一位神仙站在柿子树下，笑着对他说："柿子救命，士子治国。"朱元璋醒后，心想：梦中的神仙或许是在点化我，让我寻找一位有德行的名士来辅佐我，如此一来，大业可成！

不久，朱元璋攻下了定远，在城中寻访名士。后来，当他见到定远城中的名士李善长时，觉得他是可用之才，马上重用了他。李善长果然没有辜负朱元璋，给了朱元璋很大的帮助。战争胜利后，登上皇位的朱元璋想封李善长为公爵，但是他担心武将们反对，便在一个霜降日，带领开国武将们来到老柿树下，给大家讲起了自己吃柿子救命的往事，讲到动情处，解下自己身上的大红斗篷，披在柿子树上，说："柿子救命，士子治国，柿子当封凌霜侯！"诸位武将被朱元璋感动，也就同意了加封李善长为公爵的事情。

汉字知识馆

霜降是二十四节气之一，是秋季的最后一个节气，它意味着天气更冷了。霜是水汽凝华而成的，它的形状有点像冰针，有时候也会像雪花，十分美丽。在中国的一些地方，霜降时节要吃红柿子，因为那正是柿子红彤彤熟透的时候。在当地人看来，柿子不但可以御寒保暖，同时还能补筋骨，是非常不错的养生食品。老人会说："霜降吃柿子，不会流鼻涕。"

雪

xuě

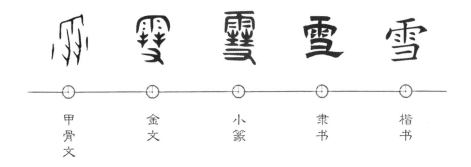

| 甲骨文 | 金文 | 小篆 | 隶书 | 楷书 |

甲骨文的"雪"上面是"雨",下面是两片羽毛。雪跟羽毛有什么关系呢?其实古人是想告诉我们,雪从天空中落下的样子,就像羽毛在飘扬一样,这不就是成语"鹅毛大雪"所描绘的场景吗?

汉字故事馆

| 程门立雪 |

宋朝的时候，有一位有学问的人，名叫杨时。他虚心好学，对老师也十分尊敬。

有一天，天空浓云密布，眼看一场大雪就要到来。午饭后，杨时想向老师程颐请教一个问题，便约了同学游酢（zuò）一起去程颐家里。家丁说，程颐正在睡午觉，他们不愿打扰老师午睡，便一声不响地站在一旁等待。

随着时间的推移，天上飘起了鹅毛大雪。可即便这样，他们也没有离开，仍旧耐心地等候着。

过了好长时间程颐才醒过来，这时候，门外的雪，已经积得有一尺多深了，便杨时和游酢没有一句怨言，恭恭敬敬地向老师请教问题。

杨时这种尊敬老师的优良品德，一直受到人们的称赞。正是由于他能够尊敬师长，虚心向老师求教，学业才进步很快，最终成为一位全国知名的学者。后来从四面八方来向他求教的人，都希望能够拜他为老师，大家尊称他为"龟山先生"。

汉字知识馆

　　谢道韫是我国古代有名的才女。一天，她和家人一起赏雪，她的叔父谢安望着漫天飞舞的雪花，吟道："白雪纷纷何所似？"她的哥哥谢朗答道："撒盐空中差可拟。"谢朗把纷扬的大雪比作撒在空中的盐，是很不错的诗句了。而站在一旁的谢道韫说道："未若柳絮因风起。"意思是说，这漫天飞舞的雪花，好像春风吹拂下的漫天柳絮。谢安听了她的诗句，立即拍手叫好。这时的谢道韫才十二岁，而"咏絮才女"的美名却在天下传开了。

雷

léi

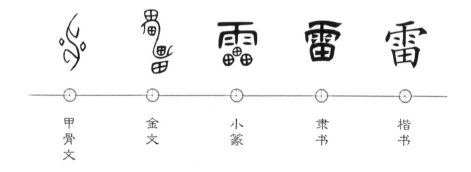

甲骨文　　金文　　小篆　　隶书　　楷书

　　甲骨文的"雷"字中间的那条曲线像不像闪电？那些圆圈就是闪电出现时伴随着的雷的响声。后来，人们给它加上"雨"，表示雷都是在雨天出现的，又去掉闪电的形状，只留下用来表示响声的符号来突出雷的声音。最后，"雷"就变成了今天我们看到的样子。

汉字故事馆

| 聚蚊成雷 |

西汉时期，汉武帝刚继位时，朝中大臣认为各个封地的诸侯所管辖的地方太大，应该减少他们的封地，削弱他们的力量，所以常在皇帝面前揭发诸侯的过失。而这些诸侯觉得，自己是皇帝的兄弟、叔伯，都是骨肉至亲，居然还要受这些地位比他们低的臣子的指责和冒犯，很气愤，但是也很担忧皇帝会听信这些臣子的话。

有一次，几位诸侯到京城拜见武帝，武帝摆宴席款待，没想到，一位诸侯吃着吃着就哭起来了。武帝问他为什么哭，他说："许多人一起吹口气，山河都可以撼动；许多蚊子聚集飞动，声音也会大如雷鸣；一伙人捉住一只老虎，许多不明真相的人就会跟着去打老虎。这表明人多时，他们说的话不管真假都会造成一定的影响。我们这些诸侯都在远方，不在京城，平时又没人宣扬我们的声誉。我真的怕被人诬陷，无辜被害，所以非常难过，才哭了。"

后来人们就用"聚蚊成雷"来比喻众口相加，谗言四起，会造成极大的危害。

汉字知识馆

我们常用"不敢越雷池一步"来形容人不敢有越界、冒失的举动，那么这里的"雷池"究竟指什么呢？

原来，"雷池"是一个地名。东晋时，世族权贵之间不断发生战争。其中，一名叫庾亮的将军声势最大。他受到了晋成帝的赏识，凡是朝廷大事，晋成帝都要听取他的意见。对此，镇守历阳的苏峻将军十分不满。于是，他命令部下讨伐庾亮。消息传到驻守在雷池附近的温峤都督那里，他听说庾亮被围攻，立刻想要发兵救援。没想到，庾亮叫温峤千万不要越过雷池一步。他认为雷池一旦失守，历阳也就保不住了。此后，"不敢越雷池一步"就成了成语，指做事不敢超越一定的界限、范围。

雷

王珏手绘

霞
xiá

霞	霞	霞
小篆	隶书	楷书

　　"霞"是一个形声字，从"雨"就可以看出，它也与天气有关，下半部分的"叚"是声旁，表示发音。"霞"是早晨和傍晚斜照的太阳带来的一种光彩纷呈的自然景观。朝霞和晚霞都很好看，所以今天的霞多用于女孩的名字，寓意好看、美丽，表达美好的祝福。

汉字故事馆

| 凤冠霞帔 |

凤冠是用凤凰装饰的礼冠，是古代太后、皇后的规定服饰，通常只在隆重庆典佩戴，普通平民不能佩戴。霞帔类似现代的披肩，因为色彩美如彩霞，所以有了霞帔的名称。不过，在等级森严的古代社会，怎么会允许民间女子出嫁时享受凤冠霞帔的殊荣呢？

相传北宋末年金兵南侵，宋徽宗的儿子康王赵构仓皇出逃，逃至一间破庙时，被庙前一位晒谷的姑娘藏在了谷箩里。康王躲过了杀身之祸，不知该如何感谢面前这位美丽机智的女子，便将身上带着的一方红帕赠给了她，并表明身份说："明年今日我定来娶你。到时你在岭上挥动红帕，我便可认得你。"后来康王登基，成了南宋的皇帝，如约前去迎娶那姑娘，不料姑娘留恋民间生活不愿进宫，但又怕皇命难违，便叫小姐妹们站在岭上都挥动红帕，赵构无法辨认出究竟哪位姑娘是当时救自己的恩人，只得作罢。但为了报答救命之恩，赵构还是下了一道圣旨："此地女子尽封王！"这可让随行的礼仪官发了愁，赵构想了想道："这有何难？让她们出嫁时都穿戴凤冠霞帔不就成了！"从此姑娘们当新娘子时都戴凤冠披霞帔，同时也没有忘记将康王赠送的红帕遮在脸上，这一习俗代代相袭直到如今。

汉字知识馆

"朝霞不出门，晚霞行千里"是我国古代劳动人民通过对自然现象的观察总结出的谚语。它的意思是，早上有朝霞的时候不宜出门，因为天气可能会变，晚上如果出现晚霞，第二天就会是好天气。古人虽然发现了霞与天气存在一定的联系，但当时的科学水平并不能解释这种联系是如何产生的。

现在的研究发现，如果早上太阳从东方升起时大气中水汽过多，阳光中波长较短的青光、蓝光等会被大气散射掉，只有红光、橙光、黄光能穿透大气，形成朝霞，这时下雨的概率较大。如果出现晚霞，表示天气已经转晴，阳光才能透过云层形成晚霞。

第五组

春 夏
秋 冬

春

chūn

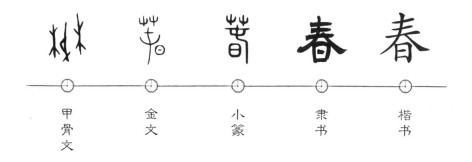

| 甲骨文 | 金文 | 小篆 | 隶书 | 楷书 |

"春"的甲骨文中间图形代表"屯"，四周围绕着小草。"屯"在甲骨文时代是种子发芽的意思，再加上漫山遍野的小草，表示一片春日景象。到了金文，人们给它加上"日"字，表示经过了严寒的冬天，温暖的阳光回来了，大地也升温了，种子也苏醒了，这就是春天。

汉字故事馆

| 妙手回春 |

春秋时期，齐国神医扁鹊云游各国，为君王诸侯看病，也为百姓除疾，名扬天下。他的医术十分高超，什么病都会治。他在邯郸时听说当地尊重妇女，就做了妇科医生。在洛阳，因为那里很尊重老人，他就做了专治老年病的医生。秦国人最爱儿童，他又在那里做了儿科医生。无论在哪里，都是声名大振。

一次扁鹊经过虢国，听说虢国的太子猝死，就向人详细地询问太子的病情和症状。听了别人的描述后，扁鹊认为虢国太子并未真正死去，是可以救活的。于是他便进宫，请求君王让他给太子诊治。他让他的弟子子阳磨好针，在太子的穴位上扎了几针，太子就苏醒过来。之后扁鹊用汤药为太子调理身体，二十天后太子就完全康复了，扁鹊也因此赢得了"妙手回春"的称号。

后来"妙手回春"就被用来比喻将快死的人救活，形容医生医术高明。

汉字知识馆

春节也叫过年，是中国最盛大、最热闹的传统节日，也是孩子们喜欢的节日之一。它对于我们中国人来说，有着非凡的意义。在春节期间，我们要举行各种庆祝活动。这些活动以祭祀神佛、祭奠祖先、除旧布新、迎喜接福、祈求丰年为主要内容。过年的习俗也丰富多彩，带有浓郁的民族特色。在农历腊月的最后一天，也就是除夕，家家户户一早便开始贴门神、贴春联。吃过年夜饭后，小孩们嚷着放爆竹，大人们则忙着祭祖、给压岁钱。除夕的晚上，一定要熬到半夜十二点，这被称作"守岁"。

夏

xià

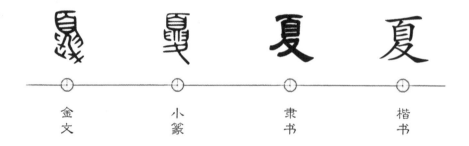

| 金文 | 小篆 | 隶书 | 楷书 |

　　"夏"的金文字形就像是一个手持镰刀、脚踩农具的人，古人用耕种的情形来表示农务最繁忙的季节——夏。

汉字故事馆

| 夏至的传说 |

从前，有一个叫巧姐的姑娘，针线上的工夫没人能比。到了出嫁的年纪，巧姐嫁到了一户姓赵的人家。虽然巧姐美丽善良、心灵手巧，但赵家人还是经常为难她。

一天，她的公公要她在太阳落山前做十双袜子，婆婆要她做十双鞋子，丈夫要她绣十个荷包。巧姐埋头苦干了一整天，眼看太阳要落山了，她才做完了七双袜子、七双鞋和七个荷包。剩下的活儿想赶在太阳下山前做完是不可能的了。

这时候，屋里进来了一位白发老奶奶，她对巧姐说："孩子，你不要着急，我来帮你。你把你的红丝线借我用一下。"巧姐将红丝线递到老奶奶的手里。老奶奶接过丝线紧紧地抓在手中，另一只手抓起缠丝线的轴儿向空中一抛，缠住了太阳。巧姐一低头，发现红丝线牵在她自己的手中，老奶奶也不见了。现在，太阳就像风筝一样牵在了巧姐的手中，巧姐轻轻一拽丝线，太阳就飘了回来。这样，人间的傍晚又变成了下午，赶在太阳又一次落山之前，巧姐完成了任务。这时巧姐手里的红丝线牵着巧姐轻轻地飘了起来，向快要落山的太阳飞去。赵家人发现后，连忙拉住巧姐，而受够刁难的巧姐，却义无反顾地飞去，渐渐地融合在霞光中去了。

这一天就是夏至，从此，夏至成了一年中白天最长的日子。

汉字知识馆

　　自古以来，中国有过许多名称，比如中华、中原、华夏等。为什么要把中国叫作"华夏"呢？《左传注疏》中说："中国有礼仪之大，故称夏；有服章之美，谓之华。"《十三经注疏》中也说："冕（miǎn）服采章曰华，大国曰夏。"意思是，服饰华彩美丽，被称为华；疆界广阔与文化繁荣、文明道德兴盛被称为夏。"华"和"夏"到后来被人连用，是古人对祖国的一种美称。

夏字

王廷制画

秋

qiū

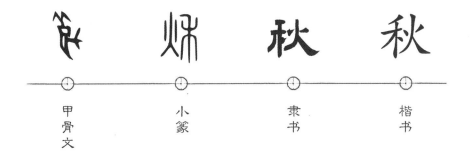

| 甲骨文 | 小篆 | 隶书 | 楷书 |

　　"秋"字在甲骨文里为什么会是一只蟋蟀的样子呢？原来古人发现蟋蟀会在庄稼成熟丰收时鸣叫，所以就借它的样子来表达秋天的含义。后来，人们会在秋天丰收以后把秸秆烧掉消灭害虫，所以"秋"就变成了"禾"和"火"的组合。

汉字故事馆

| 中秋节的故事——嫦娥奔月 |

远古时期，天上同时出现了十个太阳，它们晒得庄稼枯死，民不聊生。一个名叫后羿的神射手十分痛恨这十个不顾生灵、为非作歹的太阳，便拉开神弓，一口气射下了九个太阳，并命令最后一个太阳按时起落，为民造福。后羿成名后，不少人慕名前来拜师学艺，心术不正的逄（páng）蒙也混了进来。

一天，昆仑山上的西王母送给后羿一丸仙药。据说，服下此药，就能立刻升天成仙。然而，后羿舍不得离开妻子嫦娥，便暂时把不死药交给她珍藏。嫦娥将药藏进了梳妆台的百宝匣。三天后，后羿带着徒弟们外出狩猎，心怀鬼胎的逄蒙假装生病，没有外出。等到后羿带着众人走后不久，逄蒙就闯入后羿和嫦娥的家，逼迫嫦娥交出不死药。嫦娥知道自己不是逄蒙的对手，就转身打开百宝匣，拿出不死药一口吞了下去。嫦娥吞下药后，身子立时飘离地面，冲出窗口，向天上飞去。由于嫦娥牵挂着丈夫后羿，便飞落到离人间最近的月亮上成了仙。

傍晚，后羿回到家，侍女们向他哭诉了白天发生的事。后羿非常震惊，悲痛欲绝，仰望着夜空呼唤嫦娥。这时他发现，今天的月亮格外皎洁明亮，而且上面有个晃动的身影酷似嫦娥。百姓们闻知嫦娥奔月成仙的消息后，纷纷在月下摆设香案，向善良的嫦娥祈求吉祥平安。从此，中秋节拜月的风俗就在民间传开了。

汉字知识馆

"多事之秋"表示事故或事变比较多的一个时期。人们为什么要说多事之秋，而不说多事之春、多事之夏、多事之冬呢？

原来，在春秋时期，各诸侯国之间时常发生战争。一旦开战，就需要从平民百姓中抽调兵力，募集物资。秋天正是丰收的季节，粮草比较容易募集，百姓们也正处于丰收之后的农闲时期，可以入伍当兵。所以，这些诸侯国的统治者们大多就会选择在秋天开战。战争导致政局动荡，所以那个时候的秋天还真的不太平呢！

冬

dōng

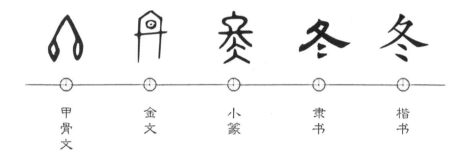

| 甲骨文 | 金文 | 小篆 | 隶书 | 楷书 |

　　"冬"字甲骨文像古时用来记事的绳子在两端打结的样子，就是"终结"的意思。所以"冬"的本义是终，表示终结。而冬天，正是一个周期的结束，即年终的季节。篆文的"冬"字加入了"仌（冰）"，突出年终下霜结冰的季节特征。古人根据四季的特征总结出春生、夏长、秋收、冬藏的自然规律。

汉字故事馆

| 冬至的故事 |

建安初年，张仲景担任长沙太守，可不久瘟疫流行，他便毅然辞去了太守官职，告老还乡，决心为百姓治病。

这时正值数九隆冬，张仲景在回乡路上，看到许多百姓衣不遮体，耳朵都冻烂了，心里更加难受。

冬至那天，他在一片空地上搭起了一间医棚，架上了一口大锅，为穷人施舍汤药治冻伤。他把羊肉和一些祛寒的药材放在锅里煮，熟了以后捞出来切碎，用面皮包成耳朵样子的"娇耳"下锅煮熟，最后分给前来治病的穷人每人一大碗汤、两个"娇耳"，这药就叫"祛寒娇耳汤"。人们吃后，马上就觉得全身温暖，双耳发热。从冬至那天起，张仲景天天施舍汤药，一直施舍到大年三十。乡亲们冻烂的耳朵都被他治好了，大家欢欢喜喜地过了个好年。

从此以后，为了纪念张仲景施药治病的恩情，每到冬至，人们就用做"娇耳"的办法，做起了节日的食品。为了与"娇耳"汤的药方区别开来，人们把这种食品改称为饺耳，之后饺耳的名称又变为饺子。天长日久，形成了习俗，传播到了更远的地方。后来，每到冬至这天，家家户户都吃饺子。

汉字知识馆

　　"数九寒冬"是我国的民间谚语，意思是从数九开始就真正进入一年中最冷的时候了。我国古代尤其是北方地区的冬天十分漫长，所以，人们发明了"数九"的方法，以消遣、打发时间。人们从冬至这一天开始数九，这就是"提冬数九"。数上九天是一九，再数九天是二九……数到"九九"就算"九"尽了，那时天也就暖和了。与数九相应而生的，便是在民间广为流传的"九九消寒歌"，俗称"九九歌"，它生动形象地记录了冬至到来年春分之间的气候、物候变化情况。我们快来记一记吧！

一九二九不出手，
三九四九冰上走，
五九六九，沿河看柳，
七九河开，八九雁来，
九九加一九，耕牛遍地走。

冬字

第六组

中　东　西
南　北

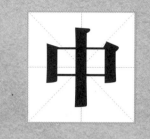

中

zhōng

汉字小秘密

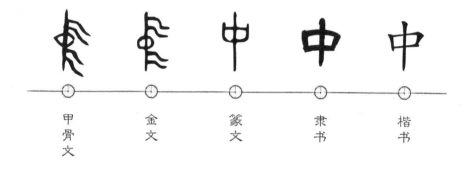

| 甲骨文 | 金文 | 篆书 | 隶书 | 楷书 |

　　"中"的甲骨文中间的圈表示宽布，上、下的两条线表示古代旗帜边缘悬垂的装饰品。"中"是古代氏族很重要的旗帜，当族中有大事发生时，人们会在空地上立一个"中"，大家看到"中"就会聚集而来，立"中"的地方就表示"中央"。

汉字故事馆

| 问鼎中原 |

春秋末期，西周王室衰微，周天子也失去了从前尊崇的地位，实力较强的诸侯王便无视周天子，企图争霸。位于南方地区的楚国，经过长期的改革和战争，逐渐强大起来。一次，楚国去攻打北方的少数民族，为了显示楚国的兵威，楚庄王在周天子的地盘举行了一次大阅兵。

这一来，可把那个"挂名"的周天子吓坏了。他派自己的大臣王孙满到郊外去慰劳楚军。楚庄王和王孙满交谈的时候，挑衅地问起周王宫里藏着的九鼎的大小轻重怎么样。要知道，九鼎是象征周王室权威的礼器。楚庄王问起九鼎，就是表示他有夺取周天子权力的野心。王孙满听后，不紧不慢地回答说："统治天下在于道德，不在于鼎。假如天子德行美善光明，鼎虽然小，也是重的。如果奸邪昏乱，鼎虽然大，也是轻的。今天周朝的德行虽然衰减了，可天命还没有改变。九鼎的轻重，诸侯是不能过问的。"楚庄王自己知道当时还没有灭掉周朝的条件，就带兵回国了。

从此以后，人们就用"问鼎中原"来比喻人有篡权谋逆的野心。

汉字知识馆

"中"是一个多音字，它有"zhōng"和"zhòng"两个读音，那么当我们遇到这个字的时候，怎样判断它该读哪个音呢？

当"中"读一声时，它表示和四方、上下或两端距离同等的地域或位置，如中心；或在一定范围内，如暗中；或表示动作正在进行，如读书中；或用来特指中国，如中华、中文等。当"中"读四声时，它表示恰好，如中奖；或遭受，如中毒等。

中字

东

dōng

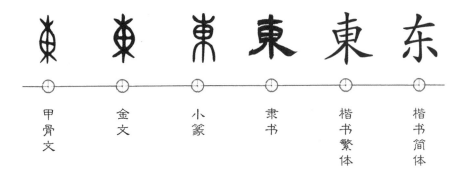

| 甲骨文 | 金文 | 小篆 | 隶书 | 楷书繁体 | 楷书简体 |

"东"字最初表示的是一个装满了东西、鼓鼓囊囊的袋子，两边用绳子捆扎起来，是古人出门远行时携带的用布包扎成的行囊。而现在，"东"是一个方位词，指太阳升起的方向，与"西"相对。

| 东郭先生与狼 |

春秋时期，东郭先生赶着一头毛驴，在路上遇到了一只受伤的狼。这只狼哀求说："先生，我现在正被一位猎人追赶，求求您把我藏在毛驴背上的口袋里，将来我会好好报答您的。"东郭先生看狼很可怜，就答应了，把它藏进了毛驴背上的口袋里。

不一会儿，猎人追了上来，发现狼不见了，就问东郭先生。东郭先生说没看见，猎人就匆匆地朝别的方向追去了。等猎人走远后，东郭先生把狼放了出来。不料，狼却对东郭先生说："我现在饿极了，你就再做一次好事，让我吃掉你吧。"说着，狼就张牙舞爪地扑向东郭先生。

正在这时，有一位农民扛着锄头路过，东郭先生急忙拉住农民，请他评理。可是狼否认东郭先生救过它的命。农民想了想说："这只口袋这么小，怎么可能装下一只大狼呢? 请再装一下，让我亲眼看一看。"狼同意了，让东郭先生重新把它装进口袋里。狼一进口袋，农民立即把口袋扎紧，抢起锄头，把狼打死了。东郭先生感谢农民救了他的命，从而也明白不能滥施同情心的道理。

汉字知识馆

　　"五岳"是我国五大名山的总称，分别是东岳泰山、西岳华山、中岳嵩山、北岳恒山、南岳衡山。古人认为东方是万物交替的地方，所以东岳泰山有"五岳之长"和"五岳独尊"的称誉。这五座山各有特色，东岳泰山雄伟，西岳华山险峻，中岳嵩山神秘，北岳恒山奇异，南岳衡山秀美。"五岳归来不看山"这句话体现了这五座大山的美景在大家心目中的地位。

西
xī

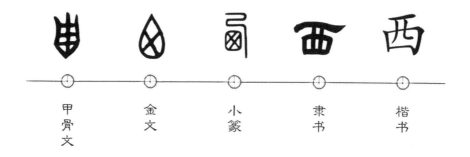

| 甲骨文 | 金文 | 小篆 | 隶书 | 楷书 |

　　古人发现太阳从西边落下后，鸟也会回巢栖息，所以就画了一个"▓（鸟巢）"。篆文时，人们为了表示这是个鸟巢，还特意加上了一只鸟的形状呢！到了隶书时期，"西"的字形被简化。在隶书的基础上进一步规范，就形成了现在的"西"字。

汉字故事馆

| 西湖的传说 |

古时候，天庭的银河边住着一条玉龙和一只金凤。它们将银河边的一块璞玉磨成了一颗璀璨的明珠。据说这颗明珠照到哪里，哪里就百花盛开、五谷丰登。不幸的是，这颗明珠被王母娘娘抢去锁进了深宫里。

王母娘娘生日的那一天，天宫里摆下了蟠桃会，王母为了炫耀，就把那颗明珠拿出来给众神仙观赏。玉龙和金凤发现了明珠的光芒后，就赶到天庭去向王母娘娘索取。王母哪里肯还呢，在你争我夺间，明珠就掉到了人间。玉龙和金凤为了保护明珠，便一前一后来到了人间。明珠掉落到杭州后，变成了美丽清澈的西湖。玉龙和金凤舍不得离开明珠，就各自变成了玉皇山和凤凰山，永久地守护在西湖边上……

汉字知识馆

"买东西"这个词经常出现在我们的生活中，东和西，明明是方位词，连在一起却有了货物的意思。这是为什么呢？

其实在唐代，东西还不叫东西，而叫物事。当时的长安是最繁华的地方，在城东、城西各有一个商业区，称为东市和西市。东市因为靠近皇宫，主要经营奢侈品，而西市因为离皇宫比较远，所以主要经营日用品。老百姓到东市买物事叫"买东"，到西市买物事叫"买西"，久而久之"买东西"就有了买物事的意思，并流传到今天。

南 nán

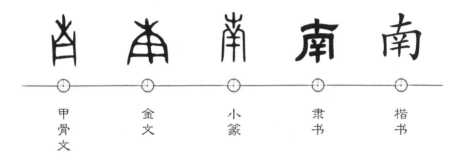

甲骨文	金文	小篆	隶书	楷书

　　你一定想不到，"南"在远古时期其实是一种钟形的乐器，可以用来伴奏。后米，人们用"南"米指代方向，"南"是指早晨面对太阳，右手的那一边，与"北"相对。

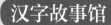

汉字故事馆

| 南橘北枳 |

晏子是春秋时期齐国著名的外交家。有一次，晏子出使楚国。楚王对大臣们说："晏子是齐国能言善辩的人，如今来我国，我想羞辱他一番，大家有什么好办法？"有个大臣献计说："他来了以后，请绑一个人过来。大王问：'他是哪里的人？'我们回答说：'齐国人。'大王再问：'他犯了什么罪？'我们再回答：'他犯了盗窃罪。'"楚王觉得这个主意不错。

晏子来到楚国后，楚王设宴招待他。这时，两名小吏捆着一个人来到楚王面前。楚王故意问："这是什么人？"小吏回答："一个齐国人，犯了盗窃罪被抓。"

楚王望着晏子说："齐国人生来就喜欢偷盗吗？"晏子说："我听说，橘树生长在淮河以南就结橘子，如果生长在淮河以北，就会结出枳子。橘子和枳子，叶子差不多，但果实的味道却不一样，这是因为水土不同。现在捉到的这个人，生活在齐国时，并没有盗窃的行为，来到楚国以后却偷盗起来，难道是因为楚国的水土容易使人变成小偷吗？"楚王没讨到一点好处，只能赔笑收场。

汉字知识馆

指南针是我国的四大发明之一。但古代的指南针和现在的指南针看起来可不大一样。我国最早的指向器是战国时期的司南，它是勺子的形状。后来经过不断的创新和改进，出现了更易携带的罗盘。南宋时，开始使用磁针指方向，这时的指南针有了现代的模样。作为中国古代四大发明之一，指南针的发明对人类科学技术和文明的发展起到了巨大的作用。

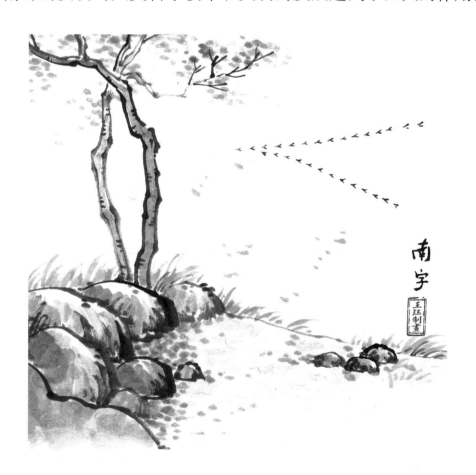

北

běi

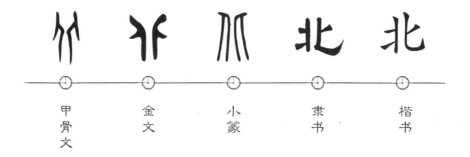

| 甲骨文 | 金文 | 小篆 | 隶书 | 楷书 |

　　两个人背靠背，朝相反的方向站立，就是甲骨文的"北"所表示的情景。"北"的本义是人的背部，后来人们用加了月字旁的"背"来表示人体的背，"北"就被用来特指方向了。

汉字故事馆

南辕北辙

从前有一个人要从魏国到楚国去。他带足了盘缠，雇了马车，请了车夫，一切准备妥当就上路了。楚国在魏国的南面，可他却让驾车人赶着马车一直向北走去。路上有人问他要去哪儿，他说："去楚国！"路人告诉他："去楚国应往南走，你这是在往北走，方向不对。"那人满不在乎地说："没关系，我的马快！"路人阻止他说："方向错了，你的马再快也无法到达楚国！"那人毫不在乎地说："不打紧，我带的盘缠多！"路人劝阻他说："虽说你盘缠多，可是你走的不是那个方向，你盘缠多也只能白花呀！"那人不耐烦了，说："这有什么难的，我的车夫赶车的本领高着呢！"路人没办法，只好无奈地看着那个盲目上路的人走了。

那个人，不听别人的指点劝告，朝着相反方向一意孤行。他条件越好，就只会离要去的地方越远，因为他的方向走错了。这个成语告诉我们，无论做什么事，首先要选对方向，才能充分发挥自己的有利条件；如果方向错了，那么有利条件只会起到相反的作用。

汉字知识馆

我们在读书看报时经常会看到"败北"这个词，"败北"是"打败仗""失败"的意思。那么，"失败"为什么又称"败北"呢？我们前面讲过，"北"字的本义是人体的背部，即"背"，由于古时两军作战的过程中，打了败仗逃跑的一方总是背对敌人的，所以逃跑的方向不管是北、是东、是南、还是西，都叫"败北"。

第七组

金　钱　铃
铅　钟　镜

金
jīn

汉字小秘密

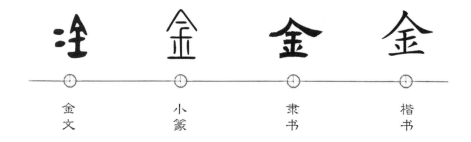

| 金文 | 小篆 | 隶书 | 楷书 |

　　"金"字最早以金文字形出现，你看它左边那两个点是冶炼的金属块。篆文以后，为了简化汉字，"金"字就去掉了左边的两点。金字旁的字大多都跟金属有关，比如我们书上所说的金文，就是铸刻在青铜器上的文字。

汉字故事馆

| 精诚所至，金石为开 |

李广自小喜爱射箭，但他力气很小，稍微强硬些的弓他都拉不动，于是他就坚持每天练习臂力，渐渐地，他射的箭都非常有力道。力道有了，但准确度还差点儿，于是他又坚持不懈地练眼力，后来每射十箭总有七八箭射中目标。可是他觉得自己的功夫还不到家，又无法提高，十分烦恼。

有人对他说："你是靠技巧射箭，还不算高明，应该靠心去射每一支箭，那才厉害。"李广觉得很有道理，就更加刻苦地练习。

一天夜里，李广在山间行走，猛然看见前面仿佛趴着一只老虎。于是，他取弓搭箭对准老虎，拉满弓，一箭射去。李广自知箭法很好，认为这一箭一定能将老虎射死，第二天天刚亮就派人去查看。没想到，李广射出的那支箭竟然全部没入坚硬的石头里去了。李广对此也很惊讶，于是想再试一下，只是一连试了几次都没成功。

这件事很快传扬开，人们都很想知道这是为什么。当时的学者扬雄说："如果诚心实意，即使像金石那样坚硬的东西也会被感动。"后来人们就用"精诚所至，金石为开"来比喻只要专心、诚心去做，什么疑难问题都能解决。

汉字知识馆

　　我们在阅读古代文章或书籍时，如果遇到了"金"这个字可一定要注意了，古代的"金"并不一定指黄金。

　　春秋时期的"金"是金属的总称，多半是指青铜。

　　从战国时期一直到东汉以前的"金"，通常是在说真正的金子了。那时候的金子大多被做成马蹄形或饼形，一块金饼必须要差不多是一斤，即"一金"才行。

　　东汉以后，金子的单位由"金（斤）"变成了"两"，如果"金"后面的单位是"两"，那说的一定是金子，如果"金"后面的单位是"钱"，那其实指的是铜钱。

　　明清时期，如果单说"金"，后面没有单位，那指的就是银子。说什么东西值多少金，意思是值多少两银子。

钱

qián

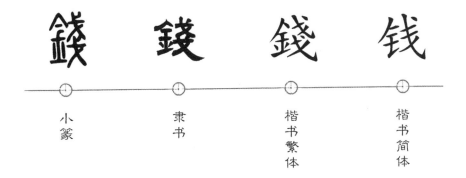

錢	錢	錢	钱
小篆	隶书	楷书繁体	楷书简体

　　"钱"的声旁是"戋（jiān）"，"戋"是小铁铲的意思，它跟钱有什么关系呢？原来上古时期，人们曾经用农具作为货币进行交易，后来，虽然铸造了货币来替代农具，但还是保留了最初的字形来表示货币。

汉字故事馆

| 日食万钱 |

何曾年少时就继承了父亲的爵位，他擅长学习、见识广博。长大后，何曾历任员外散骑侍郎、典农中郎将、黄门郎，被当时的人们称赞颂扬。

何曾生性孝顺，行事严谨，与妻子相敬如宾，得到了当时一部分人的称赞。但何曾也不是没有缺点。据说何曾的帷帐车服都奢华绮丽到极点，吃的食物的滋味更是比皇帝的还要好。平时在宫中与皇帝商议事情，如果需要一起吃饭，何曾根本不吃宫中做出来的饭菜，而皇帝也不勉强。

据史料记载，何曾一天的伙食要花一万钱，但就是这样，他还不满意，说："没有值得下筷子的东西！"后来，"日食万钱"这一典故就用来形容达官显贵奢靡无度。

汉字知识馆

　　贝是我国最早的钱币，因为贝壳坚硬好看，便于计数，而且很宝贵、难得，就被人们当作钱币了。后来，随着冶炼技术的提升，人们开始用金属铸造钱币，最初不同诸侯国的金属钱币形态各异，后来秦朝统一全国，下令将钱币统一成圆形方孔的样子。除此之外，金元宝、银锭子也都是使用广泛的钱币。到了宋代，人们发明了更易携带和保管的纸币——交子，它不仅是我国最早的纸币，也是世界最早的纸币。

铃

líng

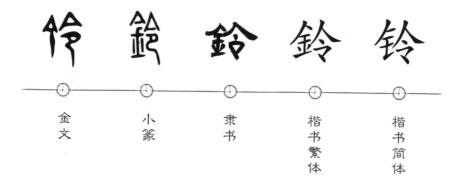

| 金文 | 小篆 | 隶书 | 楷书繁体 | 楷书简体 |

在古代，"铃"是用来传令、发信号的金属响器，因此它用"金"字作为偏旁，而右边的"令"就是它的声旁了。后来，人们发现铃发出的声音又清脆又好听，于是就把它当成一种乐器。直到现在，我们依然喜欢铃的声音，还会把它做成装饰品。

汉字故事馆

| 掩耳盗铃 |

从前有一个人很爱占便宜，他喜欢的东西总是想尽办法弄到手，甚至是去偷。

有一次，他看中了一户人家门口挂的铃铛。这铃铛精致好看，声音响亮，于是这个人决定把它偷走。

他知道，只要用手去碰这个铃铛，它就会"丁零丁零"地响起来，铃铛一响，就会被人发现。怎么办呢？他想了一个办法：如果把自己的耳朵掩住，不就听不见了吗？于是，他打算用这个方法去偷铃铛。

这天晚上，他蹑手蹑脚地来到这家大门前，向上伸手摘铃铛，但是，那铃铛挂得太高了，怎么也够不着，他又回家去取凳子，再次来到这家大门前。他踩着凳子，一手掩住自己的耳朵，一手摘这个铃铛。谁知他刚碰到铃铛，铃铛就响了，这家主人发觉后，马上把他抓住了。他只掩住了自己的耳朵，别人怎么会听不到他偷铃铛的声音呢？

人们用这个成语来比喻那些自作聪明，想欺骗别人却只是自己骗自己的行为。

汉字知识馆

　　"铃"的声旁是"令"，它和"今"只有一笔之差，虽然两个字看着十分相像，但我们都知道，它们的含义是完全不同的。"令"和"今"现代字义不同，那在古代，它们的字义又有什么区别呢？

　　"令"的甲骨文是"　"，上面的"Ａ"表示铃铛，下面的"　"是一个跪地的人，表示接受命令。古人振铃发号命令，"令"和"命"在甲骨文中是同一个字，都表示命令。

　　"今"的甲骨文是"　"，上面的"　"依然表示铃铛，下面的"　"表示铃舌。古人用铃发号施令，发令之时就是"今"，表示的是时间。

铅

qiān

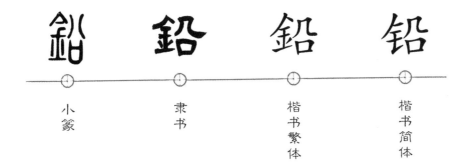

小篆　隶书　楷书繁体　楷书简体

铅是一种金属，小篆右边的"㕣（yǎn）"是它的声旁。到了隶书，人们为了书写好看、方便，就把"㕣"的"儿"连写成"几"。铅的应用非常广泛，我国早在殷商时期就已经开始使用铅来制作器具了。

汉字故事馆

| 置铅击筑 |

荆轲刺杀秦王嬴政失败后，愤怒的嬴政立刻以此为理由，派人攻打燕国。几年后，嬴政统一六国，开始通缉太子丹和荆轲的门客，与荆轲关系很好的高渐离被迫四处躲藏，最后隐姓埋名在一家酒馆工作。

在酒馆工作的时间长了，高渐离觉得非常辛苦，听到主人家堂上有客人击筑，就在附近走来走去，还边听边点评。后来，有人把高渐离懂音律的事情告诉了酒馆主人，酒馆主人就叫高渐离到堂上击筑，高渐离的音乐受到宾客们的一致好评。

考虑到一直这么担惊受怕地躲下去也不是办法，高渐离出去把自己的筑和衣裳拿出来，装扮一新后再次来到堂上。堂上的宾客见到光鲜亮丽的高渐离大吃一惊，立刻把他奉为上宾，请他击筑唱歌，随后在音乐声中纷纷感动得流着泪离去。

秦始皇听到城里人轮流请高渐离击筑的消息，就下令召见他。这时，有人认出了高渐离，但秦始皇怜惜高渐离的才华，赦免了他的死罪。但死罪可免活罪难逃，高渐离还是被熏瞎了眼睛。此后，高渐离表现得非常顺从，让他击筑他就击筑，从来没说过不好。但在嬴政渐渐放松警惕后，高渐离把铅藏在筑中，在演奏时趁嬴政不备，将筑砸向嬴政。但筑并没有砸到嬴政，高渐离最终还是被嬴政下令处死了。

汉字知识馆

现在我们都知道，铅是一种有毒的金属，因此会尽量避免在日常生活中使用含铅的物品。如果长期使用含铅的物品，或是直接食用，就会造成铅中毒，危害身体健康。

但是古人并不知道铅的危害。在我国古代，人们会用铅制作化妆品，在日常生活中使用一些含有铅的金属制品。上古青铜器中，铅就是主要成分之一。考古学家就曾在西周贵族的遗骨中，检测出超标的铅。原来，商周时期的贵族喜欢用青铜器做餐具，甚至会用青铜器加热食物。如此一来，铅中毒就在所难免了。

铅字

钟
zhōng

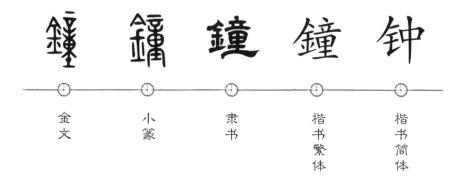

| 金文 | 小篆 | 隶书 | 楷书繁体 | 楷书简体 |

　　古时候，钟是一种金属乐器，用木杵撞击钟，能够发出洪亮又有穿透力的"咚——咚——"的声音，所以古人用发音很像"咚"的"童"字来作为钟的声旁。后来，人们为了简化这个字，就把"童"换成了"中"。

汉字故事馆

| 钟室之祸 |

楚汉相争时，韩信凭借出色的才能与智慧为刘邦立下了无数战功。然而，在平定天下后，刘邦却对韩信这位功高盖主的功臣有所猜忌，总担心韩信会背叛他，就找了个机会，将其贬为淮阴侯。

韩信知道刘邦忌惮自己的才能，就常常托病不参加朝见和侍行，心里怨恨刘邦却又希望被重用，整日在家闷闷不乐。后来，他假传诏书，想要发动各官府的罪犯奴隶袭击吕后和太子，却被人告发到吕后那里。吕后得知韩信的计划，想要把他召进宫中。吕后怕韩信不肯来皇宫，就找来知己萧何，一起商议如何除掉韩信。商议好计策后，萧何找到韩信，骗他说："汉王来信说叛贼已经伏法了，邀请文武百官和各位诸侯进宫庆贺。"韩信不想去，谎称自己生病了。萧何继续劝说道："就算强打起精神来，也要去呀。"萧何是韩信的知己，也是韩信十分信任的人，所以韩信即使心里不愿意，也还是听萧何的话入宫了。谁料，韩信一入宫，就被武士捆绑起来，吕后以谋反的罪名将他推入长乐宫钟室，粗暴地斩杀了。

后来，钟室之祸就用来比喻功臣遭到猜忌，被杀害。

汉字知识馆

　　"钟鸣鼎食"一般用来形容富贵人家生活奢侈豪华，意思是豪门贵族吃饭时要奏乐击钟，用鼎盛着各种珍贵食品。它出自司马迁的《史记》。司马迁说，磨刀只是一项雕虫小技，郅氏却能凭此发家致富，吃饭的时候排列着一堆鼎，每一个鼎里都有不同的食物；为马治病只需要粗浅的医术，张里却靠着它富到在吃饭的时候能享受敲钟奏乐。这都能说明只要专心地做一件事，就能够发家致富。

钟字

镜

jìng

汉字小秘密

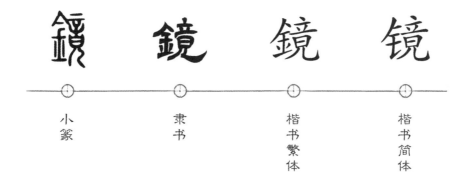

小篆　　隶书　　楷书繁体　　楷书简体

　　"镜"是一个形声字，古时候的人们可没有我们现在使用的这种镜子，那时候的镜子大多是用铜做的，所以用"金"字作为偏旁，右边的"竟"字表示读音。铜做的镜子有点儿模糊，看不清楚，我们现在使用的镜子是用银或铝的涂层制作的，可比铜镜干净、明亮多了。

汉字故事馆

| 以人为镜 |

唐太宗李世民是一个文武双全、英明盖世的君主，但人非圣贤，孰能无过，李世民也有犯错的时候。万幸的是李世民身边有两位监督他言行的"明镜"：一位是长孙皇后，另一位是魏徵。李世民一有过错，他们就会立刻指出。

唐太宗喜欢一只小鹞（yào），一日他正在逗玩小鹞时，魏徵来了。唐太宗怕魏徵指责自己贪玩，就赶紧把小鹞藏到了怀中。魏徵假装没看到，故意留下来与他商谈国家大事，久久不肯离去。太宗心里虽为小鹞着急，却也害怕暴露，一直不敢将小鹞拿出来。等魏徵走后，太宗取出怀里心爱的小鹞，不料它早已命归黄泉。

贞观六年（632年），李世民在一次退朝后回到内宫，大发雷霆："我非杀掉魏徵这个田舍翁不可！"皇后问清原因后，立刻向太宗行礼道贺："恭喜陛下，贺喜陛下！朝廷有魏徵这样的好臣子，是因为有了您这样的好皇帝，这是有史以来没有过的好现象啊，我怎么能不向您祝贺？"太宗听后也渐渐平息了怒气。

后来魏徵死了，唐太宗惋惜地说："以铜为镜，可以正衣冠；以史为镜，可以知兴替；以人为镜，可以明得失。而今魏徵不在了，朕就少了一面镜子。"

汉字知识馆

古代的镜子和我们现在的镜子是不同的。古代人主要使用的是铜镜。在铜镜出现之前，古人用铜鉴盛满水，用水面充当镜子，所以镜子又被叫作"鉴"。铜镜出现后就取代了铜鉴，铜镜分为两面，一面是平整光滑的，能反射影像，用来照物；另外一面会铸刻各种题材的花纹和字铭，这成为后来人们研究装饰图案的重要资料。

火　照　热

黑　炼　炮

火

huǒ

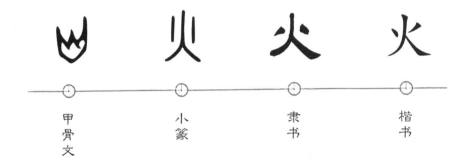

| 甲骨文 | 小篆 | 隶书 | 楷书 |

古人用火燃烧时的形状来表示"火"这个字。篆文以后，"火"字中间的"人"字是指什么呢？它其实是生火时所用的柴火的样子，和"人"没有关系。火可以作为左右结构字的偏旁；隶书以后，在上下结构的汉字中当部首时，火也会被写成"灬"。

汉字故事馆

| 玩火自焚 |

春秋时期，卫国有一位国君叫作卫桓公，卫桓公性格懦弱，这让他的异母兄弟州吁很瞧不起。州吁从小习武，性格非常暴虐，他一直想取代卫桓公成为国君。后来借桓公赴周吊贺的机会，他刺杀了自己的哥哥，如愿当上了国君。州吁当政后横行霸道、为非作歹，百姓敢怒不敢言。为了巩固自己在卫国的地位，他不想着治理国家，重塑形象，反而想通过拉拢其他国家攻打郑国，借此树立自己的威望，转移国内百姓对他杀兄夺位的反抗情绪。

鲁隐公得知这件事后征询大臣们的意见，大臣说："州吁给百姓带来灾难，百姓绝对不会支持他。他残忍凶暴，没有人愿意跟随他。众人反对，亲信背离，要想取得成功是不可能的。兵就像火一样，一味地用兵而不加以收敛和节制，结果肯定会自己烧死自己。依我看，等待他的一定是失败。"

果然，不到一年，卫国人在陈国的帮助下，推翻了州吁的残酷统治，而且将他杀了。"玩火自焚"就是说玩火必定会烧到自己，比喻干冒险或害人的勾当，最后受害的还是自己。

汉字知识馆

　　火药是中国四大发明之一，距今已有一千多年了。火药是由古代炼丹家发明的，古代的帝王贵族们希望通过服用"丹药"来达到长生不老的目的。炼丹师在炼制丹药时发现硫黄、硝石、木炭等物质混合点燃后会发生激烈的反应，人们称它为"着火的药"，即火药。唐朝末年，火药已被用于军事，在战争中显示了前所未有的威力。后来火药传入了西方国家，对人类社会的文明进步以及经济和科学文化的发展起到了推动作用。

照

zhào

| 金文 | 小篆 | 隶书 | 楷书 |

　　照字中的"召"，表示发音；金文左边的""像一只手举着树枝，树枝上还有"（火光）"呢。古人在天黑后用火把照明，天亮后依靠"（太阳）"照明，于是从篆文开始，"照"字就把"火"和"日"结合起来表示照耀。隶书后，"火"在上下结构中被写成"灬"，但两种火所表达的意思是一样的。

汉字故事馆

肝胆相照

西汉初年，有一个叫蒯通的谋士，他试图劝韩信背叛刘邦，自立为王，与刘邦、项羽三分天下，形成鼎力之势。于是，他装成算命先生去见韩信。蒯通说："看您的面相，必然大富大贵，如今楚汉相争，百姓死伤无数。两方相持不下，他们的胜败便取决于您。您帮助项羽，项羽就胜；您帮助刘邦，刘邦就胜。我愿意剖开自己的心腹，拿出自己的肝胆为您出主意，只是怕您不肯采用。我建议您，依靠自己的势力形成第三种力量，和他们三足鼎立。现在是最好的时机，您必须当机立断，不能再犹豫不决了。您去帮助项羽，刘邦一定饶不了您；您去帮助刘邦，刘邦日后定会怕您夺他的天下，也很危险。我听说过这样的话，'上天给你的福分你不要，反而要犯错误；机会来了你不动手，反而会有灾祸降临。'请您认真地想想。"

蒯通将整个形势分析得很透彻，但韩信认为刘邦对他很好，一方面是不忍心背叛刘邦，另一方面也不相信刘邦会对他下毒手，便没有采纳蒯通的建议，最终招来杀身之祸。"肝胆相照"这个成语就出自这个故事，比喻以真诚的心互相对待。

汉字知识馆

古代没有电，那古人是用什么来照明的呢？在远古时期，人们学会了使用火，之后发明了火炬用来照明。到了战国时期，我国就已经有了青铜油灯，这是我国照明史上的一次重大进步。汉朝时，蜡烛出现了，但是极为稀少，属于进贡珍品，并不是普通人可以使用的，老百姓还是以油灯为主。到了繁荣昌盛的宋朝，蜡烛才被广泛使用起来，宋朝的蜡烛与我们当今社会所使用的长形蜡烛极为相似。中间有烛芯，可以直接点燃，燃烧时间较长，亮度也远大于油灯。它不仅使用方便，携带也极为方便。

照字

热

rè

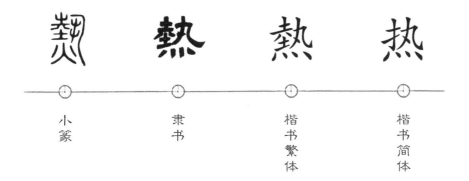

| 小篆 | 隶书 | 楷书繁体 | 楷书简体 |

你看"热"的篆文，下面的"火"表示温度，上面的"埶（执）"是声旁表示发音，所以热是一个形声字。"热"是温度高的意思，它还引申为人的情绪高或人与人之间的情意深，如热爱、热情。

汉字故事馆

| 炙手可热 |

唐玄宗李隆基年轻时是一个很有作为的皇帝，但是，唐玄宗后来渐渐变得昏庸，唐朝在他的统治下逐渐走向衰落。他整日花天酒地，过着奢侈的生活，政治上越来越腐败。他心爱的杨贵妃有个堂兄，叫杨钊。唐玄宗爱屋及乌，让杨钊在官场上平步青云，做了御史，甚至还给他赐名"国忠"。不久，唐玄宗便任命杨国忠做丞相，把朝廷政事全部交给他处理。一时之间，杨家权势滔天，他们不关心国家大事，反而结党营私，把整个朝廷搞得乌烟瘴气，以至于不久以后就爆发了安禄山、史思明的叛乱。

一次，这行人到曲江边游春野宴，轰动一时。诗人杜甫对他们这种只顾自己享乐，不管百姓死活的行为极为愤慨，写了著名的《丽人行》一诗，大胆揭露和讽刺了他们仗着显赫的权势，过着奢侈无度的生活。"炙手可热势绝伦，慎莫近前丞相嗔"便是诗中的句子。这两句诗的意思是：杨家位高权重，气焰很高，没有人能与之相比；你千万不要走近前去，以免惹得丞相发怒生气。

"炙手可热"后来就用来比喻气焰盛、权势大。

汉字知识馆

　　"热锅上的蚂蚁——团团转"是一句歇后语。想象一下，蚂蚁被困在滚烫的热锅上，不知道怎么办，也不知逃向哪里，只能绕着锅四处乱爬，可不就是"团团转"吗？我们一读，就能体会到这句歇后语是形容心里焦急、烦躁又慌张，着急却又想不出办法的样子。

热字

黑

hēi

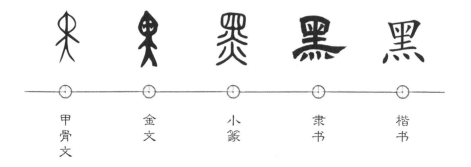

| 甲骨文 | 金文 | 小篆 | 隶书 | 楷书 |

　　"黑"的甲骨文为什么会是一个人的样子呢？原来，古人烧火做饭时，需要靠近火堆吹风，让火烧得更旺，因此脸上、身上容易沾上烟灰，"黑"所表达的意思就是被火熏过的颜色。金文就更有意思了，它在人脸上加了两点指事符号，用来强调脸上黑色的"污点"。

｜颠倒黑白｜

故事发生在战国时期的楚国。一次，楚怀王让屈原制定国家的重要法令，楚国的上官大夫想看屈原写的草稿，但屈原没有同意。上官大夫原本就很妒忌屈原的才能，这么一来更是对屈原怀恨在心。从那以后，他常在楚怀王面前说屈原的坏话，诬陷屈原居功自傲，连大王都不放在眼里。久而久之，楚怀王相信了他的话，疏远了屈原。

不久，秦国想攻打齐国，就派使臣来拉拢楚国参战。屈原看出秦国没安好心，就劝楚怀王不要被秦国拉拢，但楚怀王根本不听，楚怀王最终死在了秦国。

后来，楚怀王的大儿子顷襄王继位做国君，他的弟弟子兰做了令尹。但是楚国人都认为子兰害死了楚怀王，对他很抵触。屈原也痛恨子兰，想要挽救楚国的衰弱，于是他多次在自己的作品中表达这种意思，最终被子兰指使上官大夫诬陷，被贬官流放。

屈原看到自己热爱的祖国走向衰亡，在《怀沙》中写道：现在的楚国是黑白颠倒、上下错乱的。之后，报国无门的屈原选择投江殉国，他忠贞爱国的情怀一直被人赞颂。

汉字知识馆

　　京剧脸谱的色彩十分讲究，决非仅仅为了好看，而是每种颜色都象征着不同的人物特点和性格。比如，黑色表现正直、无私、刚直不阿的人物形象，如包公；红色表现忠贞、英勇的人物性格，如关羽；蓝色表现刚强、骁勇的人物性格，如窦尔敦；白色代表阴险、多疑、善用心计的人物形象，如曹操；绿色代表勇猛、莽撞、冲动的人物形象，如武天虬；黄色代表勇猛、暴躁的人物，如典韦；紫色表现稳练、沉着的人物。

黑字

炼

liàn

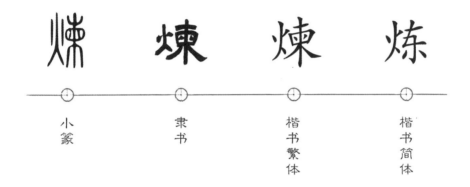

| 小篆 | 隶书 | 楷书繁体 | 楷书简体 |

　　"炼"的意思是用加热等方法使物质纯净或坚韧。它是一个形声字，右边的"柬（jiǎn）"是声旁，表示它的发音。我们的生活中有很多的金属，比如金、银、铜、铁，它们都是通过这种烈火冶炼的方法变得更纯粹、更坚固。

汉字故事馆

| 炼石补天 |

女娲创造人类后，大地上一片欢歌笑语，人们过着快乐幸福的生活。

有一天，女娲突然被一阵巨大的响声震醒，她出去一看，天空竟然露出一个黑黑的大窟窿，正向外喷火，许多人被火围困在山顶上。田野里到处是洪水，许多人在水里挣扎。女娲难过极了，她立刻去求雨神把天火熄灭，又造了小船去救助挣扎在洪水中的人们。

不久，洪水中的人被救了上来，可是天上的大窟窿还在冒火。女娲决定冒着生命危险把天补上。她跑到山上寻找补天用的五彩石，可山上的五彩石都是零星的小块儿，她忙了几天几夜，找到了红、黄、蓝、白四种颜色的石头，还缺少一种纯青色的石头。她找啊找啊，终于在一眼泉水中找到了。

五彩石找齐了，女娲在地上挖了个圆坑把五彩石放在里面用神火进行冶炼。炼了五天五夜后，五彩石化成了浓稠的液体。女娲把液体装在一个大盆里端到天边，对准窟窿往上一泼，只见金光四射，大窟窿立刻被补好了。

现在，人们常常看见天边五彩的云霞，传说那就是女娲补天的地方。

汉字知识馆

"炼"和"练"是两个外形很像的字，但它们在意义上还是有一些差别的。

"练"表示物品时，指的是柔软洁白的丝绸。表示动词时，是将生丝像淘米一样放入水中煮熟，因为这个过程需要反复做相同的动作，所以"练"就有了反复演习的含义，如练习、演练。

带有"炼"字的词语一般都与熔炼和提纯有关，如锤炼、炼油。

炮
pào

小篆　　　　　　　楷书

　　"炮"是一个形声字，右边的"包"就是它的声旁。炮与火有着不可分割的关系，比如装满火药的炮弹需要火来助力，过年燃放的鞭炮也需要火来点燃，炮（páo）制药物、食物时也要借助火的高温，这样看来，"炮"用"火"字来作偏旁也就不足为奇了。

汉字故事馆

| 康熙与火炮的故事 |

清朝康熙年间，准噶尔贵族在沙皇俄国的怂恿和支持下，发动大规模叛乱，与清王朝发生直接军事冲突。康熙皇帝非常生气，命令手下官员制造火器，用来平叛作乱。

当时正在清政府做官的比利时传教士南怀仁听了这一消息，前来觐见康熙，说："冲天炮是我们国家制造的，我可以为皇上仿造。"但南怀仁接受了仿造冲天炮的任务后，用了一年的时间也没造出来，于是康熙又让戴梓仿造，没想到八天后戴梓就造出来了。康熙皇帝非常高兴，还带领百官亲自试炮。这一试，康熙皇帝更高兴了，因为这炮不仅小而轻，而且威力惊人。康熙皇帝龙颜大悦，将炮命名为"威远将军"。

康熙皇帝第二次率军亲征噶尔丹的时候，就带上了"威远将军"。威远将军在这次战役里可是大显神威，仅向噶尔丹大营开了三炮，就把敌军吓得屁滚尿流，让康熙皇帝取得了这次战役的决定性胜利。

康熙皇帝原本对制造出"威远将军"的戴梓很器重，但因为戴梓与南怀仁等洋人观念不合，南怀仁等洋人都很忌惮戴梓，向康熙进献谗言，诬陷戴梓，最终康熙皇帝将戴梓撤官流放了30多年。

汉字知识馆

　　过年的时候，家家户户都会放鞭炮，也叫放爆竹，这个习俗在我国已有两千多年的历史了。最早的时候，没有火药，也没有纸张，人们就用火烧竹子，制造出了"爆竹"。到了唐朝，出现了"爆竿"，就是将一支较长的竹竿逐节燃烧，发出连续的爆破声。后来，有人将火药装在竹筒里燃放，声音更大。北宋时，民间已经出现了用卷纸裹着火药的燃放物，改名"爆仗"，后来人们将爆仗做成挂鞭的样子，称之为"鞭炮"。

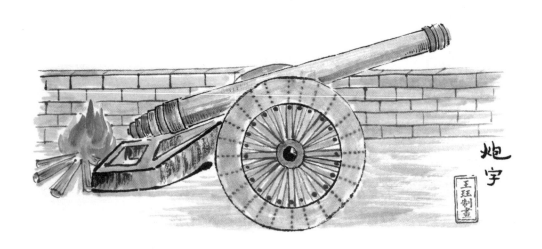

土　尘　块

地　坐

土
tǔ

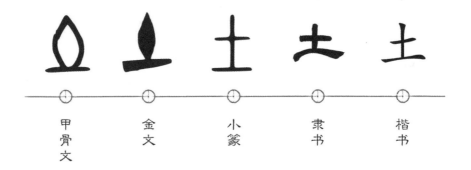

| 甲骨文 | 金文 | 小篆 | 隶书 | 楷书 |

"土"是一个象形字。甲骨文下面的一横就是指地面，代表万物生长的土壤，而上面的"◊"表示在土地上面生长的东西。

| 泰山不让土壤，故能成其大 |

战国时期，秦国的国力越发强大，有成为霸主的势头。韩国怕被秦国灭掉，就派人到秦国，鼓动秦国修建水渠，而其真实的目的是消耗秦国的人力和物力，使秦国不能向东征伐。后来，韩国的目的被秦人发觉。秦国的大臣们便建言秦王驱逐外国的宾客。这时，来自楚国的李斯就给秦王写了一封信，劝秦王不要逐客。他在信中说："泰山不拒绝任何沙石，才能那么高。河海不拒绝任何细流，才能那么深邃。君主爱护每个子民，才能彰显其德行。现在大王驱逐宾客，会让天下有见识的谋士止住脚步不再踏入秦国的国土，这简直就是借兵器给敌人、送粮食给盗贼啊！"

　　秦王读了李斯的信，立即下令取消逐客令，李斯也受到重用，被封为廷尉。之后，秦王吞并六国，统一天下，自称始皇帝。李斯做了丞相。

汉字知识馆

　　"卷土重来"这个成语出自唐代著名诗人杜牧所作的《题乌江亭》一诗。有一次，杜牧来到当年项羽自杀的地方，想起项羽和那八千江东子弟兵的英勇和失败，非常感慨和惋惜，便在乌江亭上写下了《题乌江亭》这首诗，原文是："胜败兵家事不期，包羞忍耻是男儿。江东子弟多才俊，卷土重来未可知。"这里"卷土重来未可知"的意思是说，如果项羽当时没有选择自杀，而是先渡江到江东去积聚力量再回来与刘邦较量，那么谁胜谁负还很难说呢！

土字

王廷制画

尘
chén

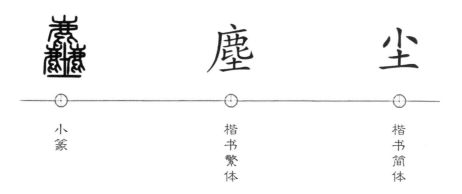

小篆

楷书繁体

楷书简体

　　小篆"尘"的上半部分是三只小鹿，古人常用三个相同的符号表示"多"，所以三只鹿就表示一群鹿。当一群鹿奔跑时，飞扬起来的尘土一定很多，"尘"这个字就是根据这个场景造出来的。楷书时，三只"鹿"被省略成一只"鹿"。到了现代，为了强调尘土颗粒小，便把"鹿"字简化成了"小"字。

151

汉字故事馆

| 望尘莫及 |

东汉时期，有一个人名叫赵咨，他曾经推荐过一位叫曹暠（hào）的人担任荥阳县的县令。后来，赵咨被任命为东海相，在前往东海任职的路上，经过了曹暠所在的荥阳县。被他推荐上任的荥阳县令曹暠在路旁迎接，赵咨却不停留。曹暠送他到长亭，望着车辆过后的尘土没有赶上，对主簿说："赵君名声很大，现在经过我的县界我不拜见他，一定会被天下人耻笑！"于是丢掉印绶，追到东海，拜见赵咨后，辞职回家。

后来，"望尘莫及"就用来指望着前面人马扬起的尘土而追赶不上，比喻远远落在后面，相差甚远。在和别人比较时也可以用"望尘莫及"来自谦。

汉字知识馆

民谚有说："腊月二十四，掸尘扫房子。"春节前扫尘有什么寓意呢？扫尘就是要把灰尘和一切"晦气"统统扫出门，焕然一新地在新年迎接好运。

关于扫尘，还有一个有趣的传说：一位邪神在玉帝面前诬陷人们做了坏事，玉帝便让他在做坏事的人家里留下蜘蛛网作为记号，好让天神在除夕下凡时处死他们。灶王爷发现了邪神的阴谋，就告诉人们在腊月二十三他上天到除夕他回来之前，一定要将房子打扫干净。人们听从灶王爷的嘱咐，将房子打扫得干干净净，天神下凡后没找到蜘蛛网，还发现人间其乐融融，与邪神说的完全相反。于是邪神做的坏事暴露，受到了玉帝的惩罚。

块

kuài

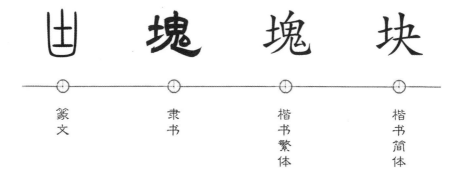

篆文　　隶书　　楷书繁体　　楷书简体

你看篆文的"块"字像不像一个装着土的筐？但是土装在筐里是会漏的，所以这里的"土"指的是土块。后来人们发明了"塊"，替代了"凷"，"块"就变成了一个形声字。

汉字故事馆

| 酒浇垒块 |

三国时期，魏国有一位诗人，他就是"竹林七贤"中的阮籍。东晋时，文人王恭、王忱在一起议论，王恭问道："别人都拿阮籍和司马相如比较，你觉得他们两人谁更有才华呢？"王忱回答说："要论才华，两人相差无几，不过阮籍胸有垒块，要靠酒来浇。"

垒块，指的是心中愁苦、愤恨不平的事。阮籍所处的时代，曹氏和司马氏两大家族明争暗斗，政治形势十分险恶。阮籍为了不受政治斗争的牵连，要么闭门读书，要么登山临水，要么酣醉不醒，要么沉默不语，酒就成了他最好的朋友，以酒浇愁，成了他的生存之路。

别看阮籍在行为上狂放不羁，政治上他却是非常稳重，总是小心翼翼。酒也成了他应付复杂局面的法宝。阮籍有一个女儿，长得清新秀丽，司马家族的司马昭想让她做儿媳，就多次托媒人登门求亲。阮籍左右为难，答应吧，落得个攀附权贵的坏名声；不答应呢，得罪了司马昭，就可能会性命不保。于是他天天喝酒，提亲的人登门一看，他已经烂醉如泥，不省人事了。这样一连六十多天，每次媒人上门，阮籍都醉得不省人事。司马昭无可奈何，求亲的事也只能作罢了。

后来，酒浇垒块指以喝酒的方式来消解心中的忧愁。

汉字知识馆

　　"块"在古代的本义指"土块"。到了西汉时期才出现了表示一种单位的用法，那时的"块"作为一种单位，形容的都是团块状的事物。到了清代，"块"不仅能形容团块状的事物，还能作为钱和货币的单位。今天，我们生活中也会用"块"来做钱的单位，如"一块钱"。

块字

地

dì

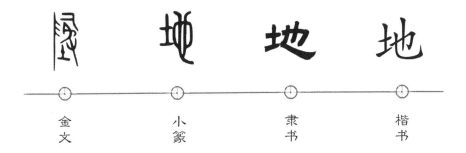

金文　　　小篆　　　隶书　　　楷书

　　金文的"地"画的其实是远古时候用来抛葬的深谷、深坑，也就是我们现代的墓地。你看它左边的"⼷"表示山崖，右边的"⼷"是指包裹好的尸体，埋葬尸体的地方就是"地"。到了篆文时，人们用"土"和"⼷"（蛇）"来表示草木丛生，蛇虫随处可见，以此表达大地的意思。

汉字故事馆

| 英雄无用武之地 |

公元208年秋天，曹操平定北方以后，便率领大军南征荆州。他们占领襄阳后，刘备被迫退到了樊口。这时候，曹操的大军已经从江陵顺江东下。刘备派诸葛亮向东吴的孙权请求救援。

诸葛亮见到孙权后用激将法劝说道："当今天下大乱，将军占据了江东，刘将军也在招募队伍和曹操争夺天下。现在，曹操平定北方后，又攻下荆州，威震四海。刘将军这样的英雄没有了用武之地，所以退到了这里。希望孙将军掂量一下自己的实力，如果能以江东的力量和曹操对抗，那就趁早跟曹操断绝关系；否则，不如收起武器向曹操俯首称臣。如果现在孙将军在紧急关头不能当机立断，那么大祸临头的日子就不远啦！"

孙权本就打算与曹操开战，被诸葛亮一激将，果然听从了诸葛亮的建议。于是，孙、刘顺利结盟抗曹。

汉字知识馆

地动仪是由我国汉朝科学家张衡创造的监测地震的仪器，但由于历史久远，地动仪已经失传，只留下了一些简略的文字记载。根据记载，地动仪有八个方位，分别是东、南、西、北、东南、西南、东北、西北，每个方位上都有一个口含龙珠的龙头，在每条龙头的下方都有一只蟾蜍。一旦哪个方向发生地震，哪个方向的龙珠就会落入蟾蜍口中。地动仪曾成功地测出过地震的方位，这比起西方国家用仪器记录地震的历史早了一千七百多年。

地字
王珏制书

坐

zuò

坖	坐	坐
小篆	隶书	楷书

　　"坐"的字形就像两个人坐在"土"上，为什么要坐在土上呢？因为以前是没有椅子和凳子的，所以古人都是席地而坐，直到后来发明了椅子和凳子，人们才离地坐在椅子或凳子上。现在，我们在生活中也用"坐"来表示乘、搭，比如坐车、坐船。

汉字故事馆

坐享其成

战国时，各诸侯国之间经常因为利益互相攻打。有一年，魏国想攻打中山国，魏文侯便想向赵国借用一条便捷的路。赵国国君想拒绝魏文侯借路的要求。大臣赵利知道了这个消息，便赶忙劝说赵王："魏国攻打中山国，就算不能取胜，两国的人力、物力、财力也肯定消耗重大，造成国力衰退。就算魏国消灭了中山国，我们赵国在它们两国中间，魏国想要守住中山国的土地，也没有那么容易。"

赵利见赵王还在犹豫，急忙说："大王还犹豫什么呢？这件事动刀、动枪、耗费军力的是他们魏国，到头来获得中山国，坐享其成的可是我们赵国！所以借路一事必须答应，这对我们是有利无害的。"

赵王听后喜上眉梢，赵利又说："答应是答应，但不要高兴地答应，万一魏国觉察我们的用心，就会取消攻打中山国的计划。所以我们要装作无可奈何的样子把路借给魏国，然后就坐等好消息吧。"

成语"坐享其成"就出自这个故事，后来人们就用这个成语指自己不出力而享受他人的劳动成果，与"不劳而获""坐收渔翁之利"是相同的意思。

汉字知识馆

从夏商到秦汉、魏晋，人们的坐姿和现在是不一样的。那时，正坐是最符合当时礼仪的坐姿，这种坐姿其实就是跪在地上，屁股放在脚踝上，上身挺直，双手规规矩矩放在膝上，也就是正襟危坐。这种坐姿虽然优雅、肃穆，但是并不舒适，所以在椅子普及之后，人们就渐渐放弃这种坐姿了。

坐字